DIOS DE LA CREACIÓN

JEN WILKIN

LifeWay Press®
Nashville, Tennessee

Publicado por LifeWay Press® • © 2017 Jen Wilkin • © 2020 Jen Wilkin en español

ISBN: 978-1-5359-9741-6

Item: 005822755

Clasificación Decimal Dewey: 231.765
Clasifíquese: CREACIÓN \ DIOS \ COSMOLOGÍA BÍBLICA

Para encargar más ejemplares de este recurso, escribe a LifeWay Resources Customer Service, One LifeWay Plaza; Nashville, TN 37234; solicítalos por fax al 615-251-5933; por teléfono al 800-458-2772; por correo electrónico a orderentry@lifeway.com; en línea, entrando a LifeWay.com; o visita la tienda cristiana de LifeWay más cercana.

Impreso en Estados Unidos de América

Multi-Language Publishing
LifeWay Resources
1 LifeWay Plaza
Nashville, TN 37234-0152

CONTENIDO

SOBRE LA AUTORA

Jen Wilkin es esposa, madre de cuatro hijos y promotora de que las mujeres amen a Dios con la mente a través del estudio fiel de Su Palabra. Es conferencista, escritora y maestra de la Biblia. Jen vive en Flower Mound, Texas; ella y su familia son miembros de la iglesia The Village, su segundo hogar. Es la autora del libro *Mujer de la Palabra: Cómo estudiar la Biblia con mente y corazón*; *Nadie como Él: 10 maneras en que Dios es distinto a nosotros (y por qué eso es algo bueno)*; y los estudios bíblicos *Sermon on the Mount* [Sermón del monte] y *1 Peter: A Living Hope in Christ* [Primera de Pedro: Una esperanza viva en Cristo]. Puedes visitar su sitio electrónico en jenwilkin.net.

PRÓLOGO: ¿CÓMO DEBEMOS ACERCARNOS A LA PALABRA DE DIOS?

NUESTRO PROPÓSITO

El estudio bíblico que estás por comenzar te enseñará un pasaje importante de la Biblia con un enfoque que podrás atesorar para el futuro. Esta forma de estudiar te pedirá que ames a Dios no solo con tu corazón, sino también con tu mente. Hará que te enfoques en dar respuesta a esta pregunta: «¿qué dice la Biblia sobre Dios?». Y te ayudará en la valiosa tarea de conocer más al Señor.

En realidad, la Biblia no es un libro para conocerse a sí mismo. Es un texto para conocer a Dios. Es la intención manifiesta del Creador de revelarse a nosotros. Cuando aprendemos sobre el carácter de Dios en la Escritura, sí aprendemos más sobre nosotros mismos, pero el autoconocimiento no debe ser el objetivo de nuestro estudio. El propósito debe ser Dios.

Este enfoque cambia la manera en que estudiamos. Primero identificamos lo que el pasaje nos enseña sobre el carácter de Dios. Luego, el autoconocimiento es el producto derivado de nuestro conocimiento de Él. Este método es mucho mejor porque el verdadero conocimiento de uno mismo no puede darse sin el de Dios. Entonces, cuando leo la historia de Jonás, veo en primer lugar que el Señor es justo y fiel a Su Palabra. Él no desiste de proclamar Su mensaje a Nínive. En segundo lugar, veo que yo (a diferencia de Dios y en similitud con Jonás) soy injusta con las demás personas y no soy fiel a la Palabra del Señor. Por lo tanto, el conocimiento de Dios nos permite un verdadero conocimiento de nosotros mismos, lo cual nos lleva al arrepentimiento y la transformación. Así se cumple el deseo de Pablo en Romanos 12:2: «... que Dios los transforme en personas nuevas al cambiarles la manera de pensar...».

A la mayoría nos es natural amar a Dios con el corazón. No nos cuesta dar lugar a nuestros sentimientos cuando lo buscamos. Sin embargo, el Dios que nos manda amarlo con todo nuestro corazón, nuestro ser y nuestras fuerzas, también nos manda amarlo con toda nuestra mente. Y, cuando Él ordena algo a Sus hijos, también les da la capacidad de hacerlo. Eso quiere decir que tenemos la aptitud de amarlo con nuestra mente. Si no fuera así, Dios no nos lo pediría. Sé que no dejarás de lado tus sentimientos cuando estudies la Palabra de Dios, y considero que eso está bien. Pero lo que busco es que también incluyas tu mente en el proceso. El Señor quiere que seas una buena estudiante y que, al cambiar tu manera de pensar, Él pueda transformar tu corazón.

NUESTRO PROCESO

Ser un buen estudiante implica tener buenos hábitos de estudio. Cuando nos sentamos a leer, a la mayoría nos agrada concentrarnos en un pasaje en particular y luego buscar una forma de aplicarlo en nuestra vida cotidiana. En ocasiones, puede que dediquemos un tiempo a leer todo un libro de la Biblia, o quizás saltamos de un lugar a otro. Quiero sugerirte un método diferente. Es probable que este no siempre te ofrezca una aplicación inmediata, ni consuelo, ni paz instantáneos, pero está basado en la comprensión paulatina del mensaje de la Escritura.

LECTURA EN CONTEXTO Y REPETITIVA

Imagina que recibes una carta por correo. El sobre está escrito a mano, pero, sin siquiera fijarte en la dirección del remitente, lo abres, vas a la segunda página, lees dos párrafos cerca del final y dejas la carta a un costado. Como entiendes que, si una persona se tomó la molestia de enviarte una carta deberías responder de alguna manera, te tomas algunos minutos para decidir cómo contestar a la sección que acabas de leer. ¿Cuál es la probabilidad de que este método te dé resultado?

Nadie leería una carta de ese modo. Sin embargo, así es, por cierto, como muchos leemos la Biblia. Nos olvidamos de leer el «sobre»: ¿quién lo escribió?, ¿a quién lo escribió?, ¿cuándo lo escribió? Y ¿dónde lo escribió? Luego, intentamos determinar el propósito de su contenido a partir de un fragmento del total. Pero ¿qué pasaría si nos tomáramos el tiempo de mirar el sobre? Y si después de determinar el contexto del escrito comenzáramos desde el principio y leyéramos hasta el final, ¿no tendría muchísimo más sentido?

Así nos acercaremos a la Escritura en nuestro estudio. Comenzaremos por ubicar el escrito en su contexto histórico y cultural, es decir, leeremos el «sobre». Luego, leeremos el texto completo varias veces para determinar lo que quiere decirnos. Esta lectura repetitiva nos permitirá avanzar por las tres etapas clave en el conocimiento de un texto: la comprensión, la interpretación y la aplicación.

ETAPA 1: COMPRENSIÓN

¿Alguna vez hiciste un examen de comprensión lectora? En general, estos exámenes entregan algún pasaje seguido de preguntas que evalúan tu conocimiento de lo leído. El objetivo es forzarte a prestar atención a los detalles. En nuestro estudio de la Palabra de Dios, aplicaremos el mismo método. Cuando leemos para comprender, nos preguntamos: «¿Qué dice el texto?». Es una tarea difícil. Una persona que comprende el relato de los seis días de la creación puede decirte específicamente qué sucedió en cada uno de ellos. Este es el primer paso para interpretar la historia de la creación y aplicarla en nuestra vida.

ETAPA 2: INTERPRETACIÓN

Mientras que en la etapa de comprensión nos preguntamos: «¿Qué dice el texto?», en la de interpretación la interrogante es: «¿Qué significa el texto?». Una vez que hemos leído el pasaje varias veces y sabemos lo que expresa, estamos listos para enfocarnos en su significado. Una persona que interpreta la historia de la creación puede decirte que Dios creó en un cierto orden y de una manera particular.

ETAPA 3: APLICACIÓN

Finalmente, después de dedicarnos a comprender lo que el texto expresa y lo que significa, estamos listos para formularnos esta interrogante: «¿Qué cambio debe producir el texto en mí?». Entonces, desde una perspectiva teocéntrica, nos hacemos tres preguntas que nos permiten responder la anterior:

- ¿Qué me enseña sobre Dios este pasaje?

- Esto que aprendí sobre el carácter de Dios, ¿cómo cambia mi opinión sobre mí mismo?

- ¿Qué debo hacer en respuesta a lo aprendido?

Una persona que *aplica* la historia de la creación puede decirnos que, porque Dios creó de manera ordenada, los seres humanos debemos llevar vidas ordenadas. El conocimiento de Dios logrado a través de la comprensión del texto y la interpretación de su significado ahora puede ser aplicado a mi vida de una forma que me desafía a ser diferente.

ALGUNAS PAUTAS

En el proceso de aprendizaje, es de suma importancia que recorras las tres etapas por tu cuenta, sin la ayuda de comentarios o notas de estudio. Es probable que las primeras veces que leas un pasaje te sientas confundida. En realidad eso es positivo. Permítete sentirte perdida y deja que la incertidumbre more en ti. Así los nuevos conocimientos que adquieras tendrán un impacto mucho más perdurable.

A nadie le agrada sentirse perdido ni confundido, pero este es un paso importante en la adquisición y la retención del conocimiento. Por ese motivo, tengo algunas pautas que te pido que sigas durante este estudio:

1. **Evita consultar comentarios** hasta que hayas intentado seriamente lograr la *comprensión* y la *interpretación* del texto por tu cuenta. En otras palabras, no leas comentarios hasta que hayas hecho la tarea, asistido al grupo pequeño y escuchado la sesión de enseñanza. Luego, consulta comentarios confiables. Pídele a un pastor o a un maestro de tu iglesia que te recomiende autores. La lista de comentarios que se usaron para este estudio está en la página 186.

2. **Usa una Biblia que no tenga notas de estudio.** Digamos la verdad: es imposible no mirar las notas si las tienes en la página. No puedes negar que tengo razón.

3. Aunque te pido que al principio evites los comentarios, sí hay algunas **herramientas que debes usar:**

   - **Referencias cruzadas.** En tu Biblia verás estas referencias en el margen o al final de cada página. Te señalan otros pasajes que abordan el mismo tema.

   - **Un diccionario de español** para buscar palabras que no conozcas.

   - **Otras traducciones de la Biblia.** Usaremos la Nueva Traducción Viviente (NTV) como punto de partida, pero puedes consultar otras versiones por Internet. En algunas ocasiones, te pediré que consultes la Nueva Versión Internacional (NVI) y la Reina-Valera 1960 (RVR1960). Leer más de una traducción te ayudará a comprender el significado de un pasaje. Nota: Puedes usar una paráfrasis, como La Biblia al Día, pero debes considerarla un comentario, no una traducción. Lo mejor es consultar paráfrasis después de hacer un estudio esmerado con una versión tradicional.

   - **Una copia impresa del texto,** con espaciado doble para que sea posible marcar palabras, frases o ideas repetidas. Este libro ya incluye algunos de los pasajes de estudio.

ALMACENAMIENTO DEL TESORO

Acercarnos a la Palabra de Dios con una perspectiva teocéntrica que considere el contexto y realice un estudio cuidadoso, requiere esfuerzo y compromiso. Es posible que algunos días el estudio no te conmueva, ni responda a tus necesidades específicas, pero debes verlo como una inversión a largo plazo. Quizás no encuentras en el pasaje algo que sea aplicable a tu vida. Pero imagina, si dentro de diez años pasas por un tiempo de aflicción y de repente ese pasaje te habla gracias al estudio que has hecho hoy, ¿no habrá valido la pena tu inversión a largo plazo?

En Mateo 13 vemos que Jesús comienza a enseñar con parábolas. Él cuenta siete historias que parecen simples, pero dejan a Sus discípulos perplejos y llenos de dudas. Después de la última parábola, Jesús les pregunta: «¿Entienden todas estas cosas?…» (v. 51). A pesar de su aparente confusión, ellos responden desde su sincero deseo: «Sí…» (v. 51). Jesús añade que su nuevo conocimiento los hace «… como el propietario de una casa, que trae de su depósito joyas de la verdad tanto nuevas como viejas» (v. 52).

Un depósito, como indica Jesús, es un lugar para guardar objetos valiosos durante un largo período, hasta el momento de necesitarlos. El estudio fiel de la Palabra de Dios es una manera de llenar nuestros depósitos espirituales con la verdad, para que en nuestro momento de necesidad podamos encontrar joyas nuevas y viejas como una fuente de abundante provisión. Ruego que este estudio sea un manantial de grandes tesoros y que trabajes con esmero para obtenerlos.

Gracia y paz,

Jen Wilkin

CÓMO USAR ESTE ESTUDIO

Este libro de estudio bíblico fue diseñado para ser empleado de cierta manera. La tarea que encontrarás aquí te ayudará a comenzar el proceso de comprensión, interpretación y aplicación. Sin embargo, el texto se pensó para ir acompañado de reuniones en grupos pequeños y sesiones de enseñanza. Puedes utilizar este volumen de estudio bíblico por sí solo, aunque es probable que te queden dudas sin resolver. Las sesiones de enseñanza tienen la finalidad de contestar prácticamente todas las interrogantes que no se hayan podido solucionar durante la tarea, ni el debate en grupo. Con eso en mente, considera utilizar los materiales de la siguiente forma:

- Si haces el estudio **por tu cuenta**, primero realiza la tarea y después mira o escucha la sesión de enseñanza correspondiente a esa semana.

- Si haces el estudio **con un grupo**, primero realiza la tarea y después conversa con el grupo sobre las preguntas que decidan tocar. Por último, mira o escucha la sesión de enseñanza. Algunos grupos hacen esto último antes de reunirse, lo cual también es posible si esa dinámica les resulta mejor.

Nota: No hay tarea para la primera semana. El estudio comienza con una introducción en audio o video. En las páginas 14-15, encontrarás una guía de la que puedes servirte mientras observas o escuchas el material introductorio.

CÓMO USAR LA GUÍA PARA LÍDERES

Al final del estudio personal de cada semana encontrarás una guía para líderes. Esta es útil para facilitar el debate en los grupos pequeños. Cada guía comienza con una pregunta introductoria que ayudará a los miembros del grupo a conocerse y sentirse cómodos para dar su opinión durante la conversación.

Estas preguntas pueden ser más útiles durante las primeras semanas del estudio, pero a medida que el grupo adquiere confianza, los líderes son libres de omitirlas para dedicar más tiempo a las interrogantes sobre la lección.

Después de la pregunta introductoria, la guía para líderes presenta cuatro interrogantes destinadas a que los miembros del grupo comparen lo que han aprendido en su estudio personal desde el segundo hasta el quinto día. Estas preguntas, o bien son tomadas directamente del estudio personal, o bien resumen un concepto o tema que se abordó en dicho estudio. Cada una de ellas corresponde a uno de los días del estudio personal y tiene dos partes: una de reflexión y otra de aplicación. La pregunta de reflexión apunta a que los miembros del grupo hablen sobre algo nuevo que aprendieron o compartan su interpretación. La de aplicación les pide a los estudiantes que vayan más allá del entendimiento intelectual e identifiquen cambios que puedan hacer en su vida a la luz de lo aprendido.

Como líder de grupo, es recomendable que leas estas preguntas antes de la reunión, pienses en tus propias respuestas, marques dónde aparecen en el estudio personal y anotes algunas preguntas adicionales que desees abordar para facilitar la conversación. Estas interrogantes, planteadas para una reunión de 45 minutos, son solo sugerencias para aprovechar al máximo el tiempo del encuentro. No deben verse como requisitos ni limitaciones, sino como pautas para ayudar al grupo a reflexionar juntos sobre lo que cada uno aprendió durante el estudio personal y así prepararse para la sesión de enseñanza.

Es permisible y aconsejable que estés dispuesta a aprender a la par del resto del grupo y no asumas una actitud de maestra, sino más bien de facilitadora de la conversación. Esto significa que está bien si no tienes seguridad de alguna respuesta. Como este es un estudio a largo plazo, tenemos permitido dejar algunas preguntas sin resolver de modo parcial o total, con la esperanza de alcanzar mayor claridad en el futuro. En general, la sesión de enseñanza abordará las cuestiones que no queden resueltas en el estudio personal, ni en la reunión del grupo pequeño.

SEMANA UNO:
INTRODUCCIÓN A GÉNESIS

¿Quién escribió el libro de Génesis?

¿Cuándo se escribió?

¿Quién fue el destinatario?

¿En qué estilo se escribió?

¿Cuál es el tema central del libro?

SEMANA DOS:

EL DIOS QUE YA EXISTÍA EN EL PRINICIPIO

Las primeras líneas de Génesis nos enseñan algunas de las verdades más fundamentales sobre Dios. Ellas nos dan la respuesta a varias preguntas cruciales y también nos dejan algunas interrogantes.

Romanos 1:20 afirma: «... desde la creación del mundo, *todos han visto* los cielos y la tierra. Por medio de todo lo que Dios hizo, ellos pueden ver a simple vista las *cualidades invisibles* de Dios: su poder eterno y su naturaleza divina...» (énfasis añadido). La historia de la creación en Génesis tiene verdades para enseñarnos sobre el carácter de Dios y comienza a hacerlo desde la primera oración:

En el principio, Dios creó los cielos y la tierra.
GÉNESIS 1:1

¿QUIÉN FUE EL CREADOR?

«En el principio, **DIOS** creó los cielos y la tierra».

El primer versículo de Génesis deja en verdad claro que Dios es el Creador del cielo y la tierra. La Biblia atribuye toda la creación a Dios y solo a Dios. Esta declaración es significativa porque refuta otras explicaciones de la creación.

1. Reflexiona sobre cómo la historia, otras religiones y el pensamiento científico actual explican el origen del universo. ¿Cómo completaría las siguientes declaraciones una persona con una cosmovisión no bíblica?

   En el principio, _____ creó los cielos y la tierra.
   En el principio, _____ creó los cielos y la tierra.

2. ¿Por qué es significativo que en Génesis se atribuya la autoría de la creación solo a Dios? ¿Por qué crees que Moisés, el líder de la nación de Israel, comenzó esta narración con la declaración de que solo Dios fue el creador? (Ayuda: Lee Éxodo 20:1-3).

3. Busca Juan 1:1-4. Compáralo con Génesis 1:1-2. Echa un vistazo también a Génesis 1:3-4. ¿Qué similitudes ves entre ambos pasajes? En el espacio a continuación, escribe toda palabra, frase o idea que sea común a ambos pasajes.

En ambos pasajes, fíjate quién estuvo presente en la creación.

_____ (Gén. 1:1)

_____ (Gén. 1:2)

_____ (Juan 1:1)

LEE ROMANOS 1:18-25.

4. Detalla de qué forma indica Pablo que la humanidad pecó contra Dios (v. 21).

5. Pablo menciona al menos cinco consecuencias de ese pecado. Escríbelas a continuación:

   1.
   2.
   3.
   4.
   5.

6. **APLICACIÓN**: ¿Por qué piensas que no reconocer ni adorar a Dios como Creador es pecado? ¿Qué conductas pecaminosas pueden ser consecuencia de este pecado?

En contraste, ¿cómo crees que reconocer y adorar a Dios como Creador puede hacer que llevemos vidas de rectitud? ¿Qué conductas piadosas pueden surgir de esta convicción?

DÍA DOS
¿QUÉ CREÓ DIOS?

«En el principio, Dios creó
LOS CIELOS Y LA TIERRA».

7. ¿Qué crees que estaba incluido en la frase «los cielos y la tierra»? Lee Colosenses 1:16-17 y escribe en el siguiente cuadro lo que Pablo señala que Dios creó.

COSAS QUE DIOS CREÓ	COSAS QUE DIOS NO CREÓ

¿Qué piensas que quiere decir Pablo en el versículo 17? Escríbelo en tus propias palabras.

8. **APLICACIÓN:** Saber que Dios creó todas las cosas (la Tierra, el sistema solar, el universo, el átomo, el electrón, toda clase de vida, toda la materia), ¿cómo cambia la forma en que ves a Dios? (Busca Salmos 24:1-2 si necesitas ayuda. David menciona la tierra, pero bien podría haber dicho «los cielos» o «toda la creación». ¿Por qué?).

Saber que Dios creó todas las cosas, ¿cómo debería cambiar la manera en que ves y tratas Su creación?

¿CÓMO HIZO DIOS LA CREACIÓN?

«En el principio, Dios CREÓ los cielos y la tierra».

9. ¿Cómo dice Génesis 1:1 que Dios creó los cielos y la tierra? Escribe a continuación todos los datos científicos, los cronogramas, los materiales y las herramientas que se mencionan.

10. Busca los siguientes versículos y escribe lo que dice cada uno sobre cómo hizo Dios la creación.

SALMOS 33:6,9

APOCALIPSIS 4:11

Si bien estos versículos nos ayudan a entender la *manera* en que Dios creó, no nos dan los detalles exactos de lo que sucedió. Este ha sido un tema de fuertes debates entre los cristianos, y se han desarrollado varias explicaciones al respecto. Mencionaremos algunas a continuación:

EVOLUCIÓN TEÍSTA

☐ La evolución fue el proceso que Dios usó para crear la Tierra que hoy conocemos.[1]

- La Tierra tiene aproximadamente 4500 millones de años de antigüedad, como lo demuestran los restos fósiles y la información astronómica.[2]
- Los seis días de la creación aluden a épocas en el desarrollo de la evolución.[3]

CREACIONISMO DE LA TIERRA JOVEN

- La Tierra tiene entre 6000 y 10 000 años.[4]
- Los estratos de fósiles se produjeron como resultado del diluvio de alcance universal ocurrido en la época de Noé.[5]
- Dios creó el mundo en seis días literales.[6]

CREACIONISMO DE LA TIERRA ANTIGUA

- Dios creó el universo a través de una combinación de procesos naturales e intervención directa.[7]
- La Tierra tiene aproximadamente 4500 millones de años, como lo demuestran los restos fósiles y la información astronómica.[8]
- Los seis días de la creación no deben interpretarse literalmente como períodos de 24 horas.[9]

Si ya conocías alguna de estas explicaciones, márcala.

Mucho se ha escrito sobre las diferentes interpretaciones de la creación. No dedicaremos tiempo a estudiar este tema, pero te recomiendo que lo hagas por tu cuenta, en especial, si solo conoces una de estas interpretaciones.

11. Es evidente que si Dios hubiera querido revelar el proceso de la creación, así lo habría hecho. ¿Por qué crees que decidió no hacerlo? Escribe posibles motivos.

12. Busca en el diccionario la palabra *crear*. Lee las distintas definiciones y luego escribe aquí la que mejor describa la forma en que Dios crea.

CREAR:

¿En qué se diferencian la definición que elegiste de las que no tomaste en cuenta?

¿CUÁNDO HIZO DIOS LA CREACIÓN?

EN EL PRINCIPIO, *Dios creó los cielos y la tierra.*

13. ¿Qué crees que quiere decir la frase «en el principio»? ¿Qué fue exactamente lo que comenzó en el principio?

14. Vuelve a leer Romanos 1:20. ¿Cuáles son los dos ejemplos que da Pablo sobre las cualidades invisibles de Dios que podemos ver en la creación?

¿Cuál de esas cualidades podemos ver cuando leemos que Dios hizo la creación «en el principio»?

15. Busca la palabra *eterno* en un diccionario de definiciones o de sinónimos. Con tus propias palabras, escribe una definición de *eterno* que describa esta cualidad en Dios.
    ETERNO:

16. Ahora, busca los siguientes versículos y anota cómo cada uno respalda tu definición de la *eternidad* de Dios. (Puede ser útil transcribir los versículos).

SALMOS 90:1-2

SALMOS 102:12,25-27

ISAÍAS 48:12-13

17. Si Dios es eterno y la creación está sujeta al tiempo, ¿qué o quién existía antes del principio? Haz una lista completa a continuación:

18. **APLICACIÓN:** Entender que Dios es eterno, ¿cómo cambia la forma en que ves tu propia vida? ¿Cómo te reconforta saber que Él es eterno?

DÍA CINCO
¿POR QUÉ HIZO DIOS LA CREACIÓN?

19. Se han propuesto muchas teorías sobre por qué Dios creó los cielos y la tierra y, en especial, sobre por qué creó a los seres humanos. Abajo están escritas algunas de las razones que se suelen proponer. Busca los versículos que están debajo de las afirmaciones y anota cómo estos las confirman o las niegan.

Dios creó el universo porque se sentía solo.

JUAN 1:1; 17:5

Dios creó a los seres humanos para que Su amor tuviera un destinatario.

JUAN 3:34-35

Dios creó a los seres humanos porque necesitaba que lo ayudaran a cumplir Su voluntad.

HECHOS 17:24-25

Dios creó a los seres humanos porque estaba aburrido, insatisfecho o en algún otro estado de ánimo humano.

SALMOS 50:21a

20. Ahora, busca los siguientes versículos y escribe por qué Dios creó los cielos y la tierra.

SALMOS 19:1-4

SALMOS 148:1-5

21. **APLICACIÓN:** Es mucho más fácil identificar las razones que no motivaron a Dios en la creación que identificar las que sí. Dios hizo la creación para demostrar Su gloria. Dios hizo la creación porque le complació hacerlo. Más allá de eso, no podemos hacer más que maravillarnos ante el misterio. Fíjate de nuevo en las preguntas 19 y 20, y piensa en qué idea falsa albergas a veces sobre el porqué de tu existencia. ¿Cómo llegas a una creencia más sana cuando rechazas esta idea?

CIERRE

Nota: Cada semana, terminaremos la tarea enfocándonos en lo que el texto nos ha revelado sobre Dios. Al final de tu libro de estudio bíblico (p. 184), podrás encontrar una lista de atributos de Dios que te ayudará a pensar tu respuesta a las preguntas de cierre.

¿Qué aspecto del carácter de Dios te ha mostrado más claramente el pasaje de Génesis de esta semana?

Completa la siguiente afirmación:
Saber que Dios es _____ me muestra que yo soy
_____.

¿Qué paso puedes dar esta semana para vivir a la luz de esta verdad?

PREGUNTA INTRODUCTORIA: ¿Qué parte de la creación te causa mayor admiración?

1. **OBSERVACIÓN:** (pregunta 2, p. 18) ¿Por qué es significativo que en Génesis se atribuya la autoría de la creación solo a Dios? ¿Por qué crees que Moisés, el líder de la nación de Israel, comenzó esta narración declarando que solo Dios fue el creador? (Ayuda: Lee Éxodo 20:1-3.)

   APLICACIÓN: (pregunta 6, p. 19) ¿Por qué piensas que no reconocer y adorar a Dios como Creador es pecado? ¿Qué conductas pecaminosas pueden ser consecuencia de este pecado?

   En contraste, ¿cómo crees que reconocer y adorar a Dios como Creador puede hacer que llevemos vidas de rectitud? ¿Qué conductas piadosas pueden surgir de esta convicción?

2. **OBSERVACIÓN:** (pregunta 7, p. 20) ¿Qué crees que estaba incluido en la frase «los cielos y la tierra»? Lee Colosenses 1:16-17 y escribe lo que Pablo dice que Dios creó. ¿Qué piensas que quiere decir Pablo en el versículo 17?

   APLICACIÓN: (pregunta 8, p. 21) Saber que Dios creó todas las cosas, ¿cómo cambia la forma en que ves a Dios?

   Saber que Dios creó todas las cosas, ¿cómo debería cambiar la manera en que ves y tratas Su creación?

3. **OBSERVACIÓN:** (pregunta 15, p. 25) Busca la palabra *eterno* en un diccionario de definiciones o de sinónimos. Con tus propias palabras, escribe una definición de *eterno* que describa esta cualidad en Dios.

APLICACIÓN: (pregunta 18, p. 26) Entender que Dios es eterno, ¿cómo cambia la forma en que ves tu propia vida? ¿Cómo te reconforta saber que Él es eterno?

4. OBSERVACIÓN: (pregunta 19, p. 27) Se han propuesto muchas teorías sobre por qué Dios creó los cielos y la tierra y, en especial, sobre por qué creó a los humanos. ¿Cuáles de las teorías de la pregunta 19 (p. 27) habías escuchado o aprendido antes?

APLICACIÓN: (pregunta 21, p. 28) Es mucho más fácil identificar las razones que no motivaron a Dios en la creación que identificar las que sí. Dios hizo la creación para demostrar Su gloria. Dios hizo la creación porque le complació hacerlo. ¿Qué idea falsa albergas a veces sobre el porqué de tu existencia? ¿Cómo llegas a una creencia más sana cuando rechazas esta idea?

5. CIERRE: ¿Qué aspecto del carácter de Dios te ha mostrado más claramente el pasaje de Génesis?

Completa la siguiente afirmación:
Saber que Dios es _____ me muestra que yo soy
_____.

¿Qué paso puedes dar esta semana para vivir a la luz de esta verdad?

SEMANA DOS | NOTAS SOBRE LA SESIÓN DE ENSEÑANZA

SEMANA TRES:

SEIS DÍAS
Y
UN DESCANSO

Esta semana el telón se abre en la gran historia de Génesis. En la primera escena, encontramos a Dios haciendo lo que mejor hace: trayendo luz después de la oscuridad, orden después del caos y reposo después del trabajo, todo por el poder de Su Palabra.

Comienza tu estudio de esta semana leyendo Génesis 1:1–2:3 como si lo hicieras por primera vez. Léelo en la NTV y en la NVI, teniendo en cuenta al autor, el propósito, el estilo y el contexto de Génesis. Luego, responde las preguntas a continuación.

DÍA UNO
EN EL PRINCIPIO...

LEER GÉNESIS 1:1-2.

> *¹ En el principio, Dios creó los cielos y la tierra. ² La tierra no tenía forma y estaba vacía, y la oscuridad cubría las aguas profundas; y el Espíritu de Dios se movía en el aire sobre la superficie de las aguas.*

1. En Génesis 1:2, ¿cómo describirías el estado en que se encuentra la tierra? Usa tus propias palabras. Lee el versículo en la NTV (arriba) y en la NVI para comprenderlo mejor.

2. Según estos versículos, ¿quién estaba presente en la tierra?

3. Busca los versículos siguientes y escribe lo que cada uno dice sobre el rol del Espíritu. ¿Cómo obra el Espíritu?

    JOB 33:4

    SALMOS 104:24-30

JUAN 6:63

ROMANOS 8:11

4. Teniendo en cuenta lo que está por suceder en Génesis 1:3-31, ¿por qué crees que el Espíritu se mueve sobre las aguas en el versículo 2?

DÍA DOS
LOS SEIS DÍAS DE LA CREACIÓN

LEER GÉNESIS 1:3-31.

Necesitarás lápices de color y una copia del texto para completar esta parte de la lección. El pasaje se incluye al final de la tarea de esta semana (p. 47).

5.   En el siguiente cuadro, marca con una cruz el día de la creación en que encuentras cada una de estas frases. A cada frase subráyala en el texto con el mismo color cada vez que aparezca (por ejemplo, subraya en <u>rojo</u> la frase «Y eso fue lo que sucedió» y subraya en <u>azul</u> la frase «Dios llamó...»).

FRASE DE LA CREACIÓN	DÍA UNO	DÍA DOS	DÍA TRES	DÍA CUATRO	DÍA CINCO	DÍA SEIS
«Entonces Dios dijo: "Que haya..."».						
«Y eso fue lo que sucedió».						
«Y Dios vio que esto era bueno».						
«Dios llamó...».						
«Y pasó la tarde y llegó la mañana, así se cumplió el ___ día».						

6.   ¿Por qué crees que Moisés usa la repetición para contar la historia de los seis días de la creación? Escribe varias posibles razones a continuación o en el margen.

7. ¿Por qué crees que Moisés eligió repetir estas frases en particular? En el espacio junto a cada frase, escribe la idea que crees que busca transmitir.

FRASE DE LA CREACIÓN	IDEA QUE TRANSMITE
«Entonces Dios dijo: "Que haya…"».	
«Y eso fue lo que sucedió».	
«Y Dios vio que esto era bueno».	
«Dios llamó…».	
«Y pasó la tarde y llegó la mañana, así se cumplió el ___ día».	

8. Vuelve al texto y encierra la palabra «Dios» en un círculo <u>verde</u> cada vez que aparezca. ¿Qué función sintáctica cumple la palabra «Dios» en esta narración? (Encierra tu respuesta a continuación).

Sujeto   *Verbo*   *Objeto*

9. Cuenta cuántas veces la palabra «Dios» funciona como sujeto de la oración: ＿＿＿＿＿＿ ¿Por qué crees que Moisés escribe la historia de la creación de esta manera? ¿Qué quiere que comprendamos muy claramente?

10. **APLICACIÓN:** El cosmos obedece los mandamientos de Dios, cediendo a Su voluntad sin dudar ni oponerse. ¿Qué mandamiento claro de Dios te hace dudar u oponerte? ¿Cómo te pide el relato de la creación que respondas a Dios?

DÍA TRES

11. Ahora, revisa el pasaje (p. 47) y encierra en un círculo <u>naranja</u> cada caso de la palabra «separar» o «separó». En las casillas siguientes, pon una tilde junto al día en que se menciona el concepto de separación. (Ayuda: puede aparecer de manera implícita). Además, detalla qué es lo que se separa.

	¿SUCEDE UNA SEPARACIÓN?	¿QUÉ SE SEPARA?
Primer día		
Segundo día		
Tercer día		
Cuarto día		
Quinto día		
Sexto día		

12. Moisés quiere que comprendamos en los primeros pasajes del Génesis que Dios es un Dios que separa. Lee Levítico 20:22-26. Recuerda que Moisés escribió Levítico para que los israelitas llevaran la Ley de Dios en forma escrita a la tierra prometida. Fíjate específicamente quién o qué es lo que se separa en este pasaje.

13. ¿Es la separación un concepto que solo deben comprender los creyentes del Antiguo Testamento? Lee los siguientes pasajes del Nuevo Testamento y fíjate en cómo se aplica el concepto de separación a nuestra realidad de hoy.

2 CORINTIOS 6:14-18

EFESIOS 4:31-32

HEBREOS 4:12-13

14. **APLICACIÓN:** ¿Cómo debes responder al llamado de Dios a separarte de aquello que no lo honra? ¿De qué pecado o situación necesitas apartarte?

DÍA CUATRO
EL SÉPTIMO DÍA

LEER GÉNESIS 2:1-3.

15. Compara el lenguaje del séptimo día con el de los otros seis días. ¿Sigue el mismo patrón?

16. ¿Qué diferencias ves entre lo que sucede en el séptimo día y lo que sucede en los otros seis?

17. En lugar de declarar que el séptimo día era «bueno» o «muy bueno», ¿qué dijo Dios sobre ese día (2:3)?

    «Dios _____ *el séptimo día y lo declaró*

    _____*».*

    La frase «declaró santo» también se puede traducir como «separó». El Dios que separa apartó el séptimo día para un propósito específico.

18. ¿Qué hizo Dios en el séptimo día (2:2)?

    ¿Lo hizo porque estaba cansado?   *Sí   No*

    Busca los siguientes versículos y anota de qué forma respaldan tu respuesta.

    SALMOS 121:1-4

    ISAÍAS 40:28

19. Lee Éxodo 20:8-11. Este pasaje contiene cuatro de los Diez Mandamientos. Escribe a continuación qué debe hacer Israel según estos mandamientos y por qué.

La frase «día de descanso» literalmente es *sábat*, que significa «cese del trabajo». El séptimo día de la creación es el primer día de sábat porque «ese fue el día en que [Dios] descansó [sábat] de toda su obra de creación» (Gén. 2:3).

20. **APLICACIÓN:** ¿De qué manera práctica deberíamos obedecer el cuarto de los Diez Mandamientos en nuestra vida diaria? Menciona ejemplos específicos.

Como sucede con todos los mandamientos de Dios, el día de descanso es para nuestro bien. ¿Qué beneficios produce cumplir con el sábat en nuestra vida?

DÍA CINCO

21. Compara Génesis 2:2-3 con Juan 19:28-31a. Completa el siguiente cuadro.

	¿QUIÉN HACE LA OBRA?	¿QUÉ OBRA SE TERMINA?	¿QUÉ DÍA SIGUE DESPUÉS DE QUE SE TERMINA LA OBRA?
Génesis 2:2-3			
Juan 19:28-31a			

22. Leer Mateo 11:28-30. Responde las siguientes preguntas.

¿Quién es el que habla? _____

¿Qué les ofrece a los que están cansados? (Da una respuesta específica según el v. 29). _____

¿Por qué crees que están cansados? ¿Por qué alguien puede necesitar descanso para el alma?

¿Qué obra ha culminado Jesús que le permite ofrecer descanso no solo para el cuerpo, sino también para el alma?

23. Lee Efesios 2:8-9. Fíjate en lo que dice sobre el trabajo. ¿Podemos encontrar descanso para el alma por nuestra cuenta?

24. Lee también Salmos 62:5-6 (RVR1960). ¿Qué consejo se da David a sí mismo?

25. **APLICACIÓN:** ¿Te ves tentada a buscar el favor de Dios a través de tus obras? ¿Qué te impide descansar en la obra terminada de Cristo? ¿De qué trabajo vano debes descansar?

CIERRE

¿Qué aspecto del carácter de Dios te ha mostrado más claramente el pasaje de Génesis de esta semana?

Completa la siguiente afirmación:
Saber que Dios es _____ me muestra que yo soy _____.

¿Qué paso puedes dar esta semana para vivir a la luz de esta verdad?

GÉNESIS 1

[1]En el principio, Dios creó los cielos y la tierra. [2]La tierra no tenía forma y estaba vacía, y la oscuridad cubría las aguas profundas; y el Espíritu de Dios se movía en el aire sobre la superficie de las aguas.

[3]Entonces Dios dijo: «Que haya luz»; y hubo luz. [4]Y Dios vio que la luz era buena. Luego separó la luz de la oscuridad. [5]Dios llamó a la luz «día» y a la oscuridad «noche».

Y pasó la tarde y llegó la mañana, así se cumplió el primer día

[6]Entonces Dios dijo: «Que haya un espacio entre las aguas, para separar las aguas de los cielos de las aguas de la tierra»; [7] y eso fue lo que sucedió. Dios formó ese espacio para separar las aguas de la tierra de las aguas de los cielos [8] y Dios llamó al espacio «cielo».

Y pasó la tarde y llegó la mañana, así se cumplió el segundo día.

[9]Entonces Dios dijo: «Que las aguas debajo del cielo se junten en un solo lugar, para que aparezca la tierra seca»; y eso fue lo que sucedió. [10] Dios llamó a lo seco «tierra» y a las aguas «mares». Y Dios vio que esto era bueno. [11] Después Dios dijo: «Que de la tierra brote vegetación: toda clase de plantas con semillas y árboles que den frutos con semillas. Estas semillas producirán, a su vez, las mismas clases de plantas y árboles de los que provinieron»; y eso fue lo que sucedió. [12] La tierra produjo vegetación: toda clase de plantas con semillas y árboles que dan frutos con semillas. Las semillas produjeron plantas y árboles de la misma clase. Y Dios vio que esto era bueno.

[13] Y pasó la tarde y llegó la mañana, así se cumplió el tercer día.

[14]Entonces Dios dijo: «Que aparezcan luces en el cielo para separar el día de la noche; que sean señales para que marquen las estaciones, los días y los años. [15] Que esas luces en el cielo brillen sobre la tierra»; y eso fue lo que

sucedió. [16] Dios hizo dos grandes luces: la más grande para que gobernara el día, y la más pequeña para que gobernara la noche. También hizo las estrellas. [17] Dios puso esas luces en el cielo para iluminar la tierra, [18] para que gobernaran el día y la noche, y para separar la luz de la oscuridad. Y Dios vio que esto era bueno.

[20] Entonces Dios dijo: «Que las aguas se colmen de peces y de otras formas de vida. Que los cielos se llenen de aves de toda clase». [21] Así que Dios creó grandes criaturas marinas y todos los seres vivientes que se mueven y se agitan en el agua y aves de todo tipo, cada uno produciendo crías de la misma especie. Y Dios vio que esto era bueno. [22] Entonces Dios los bendijo con las siguientes palabras: «Sean fructíferos y multiplíquense. Que los peces llenen los mares y las aves se multipliquen sobre la tierra».

[23] Y pasó la tarde y llegó la mañana, así se cumplió el quinto día.

[24] Entonces Dios dijo: «Que la tierra produzca toda clase de animales, que cada uno produzca crías de la misma especie: animales domésticos, animales pequeños que corran por el suelo y animales salvajes»; y eso fue lo que sucedió. [25] Dios hizo toda clase de animales salvajes, animales domésticos y animales pequeños; cada uno con la capacidad de producir crías de la misma especie. Y Dios vio que esto era bueno.

[26] Entonces Dios dijo: «Hagamos a los seres humanos a nuestra imagen, para que sean como nosotros. Ellos reinarán sobre los peces del mar, las aves del cielo, los animales domésticos, todos los animales salvajes de la tierra y los animales pequeños que corren por el suelo».

[27] Así que Dios creó a los seres humanos a su propia imagen.
    A imagen de Dios los creó;
    hombre y mujer los creó.

[28] Luego Dios los bendijo con las siguientes palabras: «Sean fructíferos y multiplíquense. Llenen la tierra y gobiernen sobre ella. Reinen sobre los

peces del mar, las aves del cielo y todos los animales que corren por el suelo».

²⁹ Entonces Dios dijo: «¡Miren! Les he dado todas las plantas con semilla que hay sobre la tierra y todos los árboles frutales para que les sirvan de alimento. ³⁰ Y he dado toda planta verde como alimento para todos los animales salvajes, para las aves del cielo y para los animales pequeños que corren por el suelo, es decir, para todo lo que tiene vida»; y eso fue lo que sucedió.

³¹ Entonces Dios miró todo lo que había hecho, ¡y vio que era muy bueno!

Y pasó la tarde y llegó la mañana, así se cumplió el sexto día.

GÉNESIS 2:1-3

¹ Así quedó terminada la creación de los cielos y de la tierra, y de todo lo que hay en ellos. ² Cuando llegó el séptimo día, Dios ya había terminado su obra de creación, y descansó de toda su labor. ³ Dios bendijo el séptimo día y lo declaró santo, porque ese fue el día en que descansó de toda su obra de creación.

PREGUNTA INTRODUCTORIA: ¿Cuál es tu parte favorita del día? ¿Por qué?

1. OBSERVACIÓN: (pregunta 6, p. 38) ¿Por qué crees que Moisés usa la repetición para contar la historia de los seis días de la creación?

APLICACIÓN: (pregunta 10, p. 40) El cosmos obedece los mandamientos de Dios, cediendo a Su voluntad sin dudar ni oponerse. ¿Qué mandamiento claro de Dios te hace dudar u oponerte? ¿Cómo te pide el relato de la creación que respondas a Dios?

2. OBSERVACIÓN: (pregunta 13, p. 42) ¿Es la separación un concepto que solo deben comprender los creyentes del Antiguo Testamento? Lee los siguientes pasajes del Nuevo Testamento y fíjate en cómo se aplica el concepto de separación a nuestra realidad de hoy: 2 Corintios 6:14-18; Efesios 4:31-32; Hebreos 4:12-13.

APLICACIÓN: (pregunta 14, p. 42) ¿Cómo debes responder al llamado de Dios a separarte de aquello que no lo honra? ¿De qué pecado o situación necesitas apartarte?

3. OBSERVACIÓN: (pregunta 19, p. 44) Lee Éxodo 20:8-11. Este pasaje contiene cuatro de los Diez Mandamientos. ¿Qué debe hacer Israel según estos mandamientos y por qué?

APLICACIÓN: (pregunta 20, p. 44) ¿De qué manera práctica deberíamos obedecer el cuarto de los Diez Mandamientos en nuestra vida diaria? Menciona ejemplos específicos.

Como sucede con todos los mandamientos de Dios, el día de descanso es para nuestro bien. ¿Qué beneficios produce cumplir con el sábat en nuestra vida?

4. OBSERVACIÓN: (pregunta 23, p. 45) Lee Efesios 2:8-9. Fíjate en lo que dice sobre el trabajo. ¿Podemos encontrar descanso para el alma por nuestra cuenta?

APLICACIÓN: (pregunta 25, p. 46) ¿Te ves tentada a buscar el favor de Dios a través de tus obras? ¿Qué te impide descansar en la obra terminada de Cristo? ¿De qué trabajo vano debes descansar?

5. CIERRE: ¿Qué aspecto del carácter de Dios te ha mostrado más claramente el pasaje de Génesis de esta semana?

Completa la siguiente afirmación:
Saber que Dios es _____ me muestra que yo soy
_____.

¿Qué paso puedes dar esta semana para vivir a la luz de esta verdad?

LO QUE NOS DICE EL RELATO DE LA CREACIÓN:

1	4
2	5
3	6

7

SEMANA CUATRO:

CREADOS A LA IMAGEN DE DIOS

Esta semana, exploraremos la importancia de la creación del hombre y la mujer. ¿Cómo fueron creados? ¿Para qué fueron creados? ¿Cómo se diferencian del resto de la creación?

Al final de tu tarea, se incluye el pasaje de esta semana (p. 65). Comenzaremos por analizar el sexto día según se lo describe en el relato de la creación (Gén. 1:24-31). Luego, estudiaremos la descripción detallada de la creación de la humanidad que se encuentra en Génesis 2:4-25.

DÍA UNO

LEE GÉNESIS 1:24-31.

1. Marca cada caso de la palabra «imagen» en **verde**.

    Repasa los otros cinco días de la creación. ¿Qué otras criaturas fueron creadas a la imagen de Dios?

2. Si los cielos, las montañas, las plantas y los animales no fueron creados a la imagen de Dios, ¿qué importancia tiene que los humanos sí hayan sido creados a la imagen o semejanza de Dios? ¿En qué somos diferentes (apartados/separados) del resto de la creación? Los seres humanos, ¿cómo reflejan la imagen de su Creador de una manera que no pueden hacerlo el resto de las criaturas?

3. Vuelve al pasaje y marca cada caso de las palabras «gobernar» o «reinar» en **azul**. ¿Por qué crees que Dios les da a los seres humanos dominio sobre todas las criaturas de la tierra?

4. Vuelve a Génesis 1:26-28. Marca en **naranja**. las frases «ellos reinarán», «los creó» y «los bendijo». ¿Por qué Moisés usó el plural para estas tres acciones?

5. Según lo que analizaste en la pregunta anterior, ¿la función de gobierno sobre las demás criaturas es dada a una sola persona o a más de una? ¿Qué conclusión puedes sacar a partir de esto?

6. ¿Qué verdad se repite tres veces en 1:27? ¿Por qué piensas que Moisés la enfatizó?

7. Lee 1:29-30. Fíjate en el tipo de alimentación que Dios ofrece a los seres humanos y los animales.

   ¿Qué incluye? _____

   ¿Qué excluye? _____

   ¿Por qué crees que fue así?

8. **APLICACIÓN:** Teniendo en cuenta que Dios declara que la creación es «buena», ¿cómo debían los seres humanos ser buenos gobernantes de todas las criaturas de la tierra? ¿Cuáles son las cualidades de un buen gobernante?

   Las cualidades que enumeraste, ¿cómo reflejan la manera en que nuestro Dios bueno nos gobierna?

DÍA DOS

AHORA ÉNFOCATE EN GÉNESIS 2:4-25.

9. Génesis 2:4 comienza así: «Este es el relato de la creación de los cielos y la tierra». ¿Cuál es tu reacción inicial a esta frase introductoria?

10. ¿Te parece que la creación de los seres humanos se relata en orden cronológico? Da un ejemplo para respaldar tu respuesta.

11. En Génesis 2, Moisés vuelve a contar la historia de la creación, pero desde otro punto de vista. Si el narrador se toma la molestia de contarnos la misma historia dos veces, debemos prestar atención a cualquier diferencia que pueda haber en este segundo relato. En comparación con Génesis 1, ¿cómo describirías el relato de la creación de Génesis 2? (Encierra en un círculo tus respuestas).

ALCANCE DE GÉNESIS 2:	Abarca los seis días	Abarca una parte específica	
RITMO DE GÉNESIS 2:	Más rápido	Igual	Más lento
SUJETO DE GÉNESIS 2:	Dios	La tierra y las criaturas	El hombre
ESTILO DE GÉNESIS 2:	Más poético	Más científico	Menos poético
REPETICIÓN DE GÉNESIS 2:	Más repetitivo	Igual	Menos repetitivo

12. ¿Por qué crees que Moisés hizo estos cambios en su redacción? Intenta ponerte en el lugar del narrador y piensa en por qué cambiarías tu estilo en diferentes partes de una narración.

13. ¿Qué observaste en cuanto a la manera en que se hace referencia a Dios? ¿En qué se diferencia el capítulo 2 del capítulo 1 en este aspecto?

Capítulo 1: _____

Capítulo 2: _____ _____

El título que se usa para Dios en Génesis 1 es *Elohim* (tu texto simplemente dice «Dios»), palabra que alude a que Dios es todopoderoso. En el capítulo 2, vemos la palabra *Elohim* y también *Yhwh* (tu texto dice «Señor Dios»). *Yhwh*, o *Jehová*, como lo solemos ver escrito, es el nombre propio de Dios, el «Yo soy» que Dios le dice a Moisés en Éxodo 3.

14. ¿Te parece que Génesis 2 muestra a un Dios más cercano? ¿Cuál de Sus palabras o acciones te lleva a esa conclusión?

15. **APLICACIÓN:** ¿Qué te resulta más fácil: pensar en Dios como alguien todopoderoso o cercano? ¿Qué experiencias o relaciones del pasado han influenciado tu respuesta?

DÍA TRES

AHORA PRESTA ATENCIÓN A GÉNESIS 2:4-17.

16. En 2:8-9, tenemos nuestra primera descripción del huerto que Dios planta en la región de Edén. La próxima semana, veremos los sucesos que se desarrollan en ese lugar. Para esta semana, anota lo que aprendes sobre los diferentes árboles del huerto. Junto a cada uno, escribe por qué crees que Dios lo ha colocado en el huerto.

ÁRBOL(ES)	PROPÓSITO
«... toda clase de árboles: árboles hermosos y que daban frutos deliciosos...»	
El árbol de la vida	
El árbol del conocimiento del bien y del mal	

17. Lee 2:10-14. De los puntos de referencia que da Moisés sobre la ubicación del huerto, ¿cuál te suena conocido?

¿Cuál no?

¿Por qué piensas que Moisés incluye esta sección? ¿Qué propósito tiene? Intenta responder, aunque no estés segura.

18. En 2:15-17 aprendemos sobre los roles de los seres humanos y sus límites dentro del huerto. ¿Cuáles son?

    ROLES:

    LÍMITES:

19. ¿Por qué piensas que Dios da roles específicos al hombre y a la mujer?

    ¿Por qué crees que Dios les marca límites?

20. **APLICACIÓN:** Dios es un gobernante bueno que sabe lo que hace. Los roles y los límites pueden ser difíciles, pero también son buenos. Piensa en un rol y un límite que Dios te haya dado.

	DIFÍCIL PORQUE	BUENO PORQUE
ROL		
LÍMITE		

DÍA CUATRO

AHORA CONCÉNTRATE EN GÉNESIS 2:18-25.

21. Aunque, hasta este momento, Dios había declarado que Su obra creativa «era buena», ¿qué impactante afirmación hace en el versículo 18? ¿Qué solución propone?

22. Si el hombre tiene a Dios y a los animales como compañía, ¿en qué sentido está solo?

23. ¿Qué crees que quiere decir una «ayuda ideal»? ¿Por qué la mujer sería ideal para ayudar al hombre y el resto de la creación no? (Ayuda: la mujer refleja la imagen de su Creador de una manera que no lo hace el resto de la creación).

24. En los versículos 19-23, subraya cada vez que aparecen los términos «nombre» o «llamar».

En Génesis 1, ¿quién da nombre a los diferentes aspectos de la creación? _____

En Génesis 2, ¿quién cumple este rol? _____

¿Por qué crees que Dios da esta tarea al hombre?

25. ¿En qué sentido te parece que los esposos se convierten en «uno solo»?

26. Piensa en las implicaciones de convertirse en «uno solo» o «un solo cuerpo» (RVR1960). Lee Efesios 5:28-31. ¿Cómo cuidas tu propio cuerpo? Entonces, ¿cómo deberían las personas tratar a su cónyuge?

27. Lee Génesis 2:25. ¿Por qué crees que, antes de la caída, Adán y Eva se sentían cómodos a pesar de estar desnudos?

28. **APLICACIÓN:** A pesar de que Génesis es un relato histórico y no un cuento de hadas, podemos ver claramente que, en este pasaje, Moisés establece el marco de los sucesos del capítulo 3. Podríamos decir que esta sección es el «Érase una vez» del relato. Según lo que sabes que va a suceder en el capítulo 3, resume el capítulo 2 con tus propias palabras, en tres oraciones. Escribe como si fueras un narrador que cuenta la historia a un niño.

Érase una vez…

CIERRE

¿Qué aspecto del carácter de Dios te ha mostrado más claramente el pasaje de Génesis de esta semana?

Completa la siguiente afirmación:

Saber que Dios es _____ me muestra que yo soy

_____.

¿Qué paso puedes dar esta semana para vivir a la luz de esta verdad?

GÉNESIS 1:24-31

[24] Entonces Dios dijo: «Que la tierra produzca toda clase de animales, que cada uno produzca crías de la misma especie: animales domésticos, animales pequeños que corran por el suelo y animales salvajes»; y eso fue lo que sucedió. [25] Dios hizo toda clase de animales salvajes, animales domésticos y animales pequeños; cada uno con la capacidad de producir crías de la misma especie. Y Dios vio que esto era bueno.

[26] Entonces Dios dijo: «Hagamos a los seres humanos a nuestra imagen, para que sean como nosotros. Ellos reinarán sobre los peces del mar, las aves del cielo, los animales domésticos, todos los animales salvajes de la tierra y los animales pequeños que corren por el suelo».

[27] Así que Dios creó a los seres humanos a su propia imagen.
   A imagen de Dios los creó;
   hombre y mujer los creó.

[28] Luego Dios los bendijo con las siguientes palabras: «Sean fructíferos y multiplíquense. Llenen la tierra y gobiernen sobre ella. Reinen sobre los peces del mar, las aves del cielo y todos los animales que corren por el suelo».

[29] Entonces Dios dijo: «¡Miren! Les he dado todas las plantas con semilla que hay sobre la tierra y todos los árboles frutales para que les sirvan de alimento. [30] Y he dado toda planta verde como alimento para todos los animales salvajes, para las aves del cielo y para los animales pequeños que corren por el suelo, es decir, para todo lo que tiene vida»; y eso fue lo que sucedió.

[31] Entonces Dios miró todo lo que había hecho, ¡y vio que era muy bueno!

Y pasó la tarde y llegó la mañana, así se cumplió el sexto día.

GÉNESIS 2:4-25

[4] Este es el relato de la creación de los cielos y la tierra.

El hombre y la mujer en el Edén

Cuando el Señor Dios hizo la tierra y los cielos, [5] no crecían en ella plantas salvajes ni grano porque el Señor Dios aún no había enviado lluvia para regar la tierra, ni había personas que la cultivaran. [6] En cambio, del suelo brotaban manantiales que regaban toda la tierra. [7] Luego el Señor Dios formó al hombre del polvo de la tierra. Sopló aliento de vida en la nariz del hombre, y el hombre se convirtió en un ser viviente.

[8] Después, el Señor Dios plantó un huerto en Edén, en el oriente, y allí puso al hombre que había formado. [9] El Señor Dios hizo que crecieran del suelo toda clase de árboles: árboles hermosos y que daban frutos deliciosos. En medio del huerto puso el árbol de la vida y el árbol del conocimiento del bien y del mal.

[10] A Un río salía de la tierra del Edén que regaba el huerto y después se dividía en cuatro ramales. [11] El primero, llamado Pisón, rodeaba toda la tierra de Havila, donde hay oro. [12] El oro de esa tierra es excepcionalmente puro; también se encuentran allí resinas aromáticas y piedras de ónice. [13] El segundo, llamado Gihón, rodeaba toda la tierra de Cus. [14] El tercero, llamado Tigris, corría al oriente de la tierra de Asiria. El cuarto se llama Éufrates.

[15] El Señor Dios puso al hombre en el jardín de Edén para que se ocupara de él y lo custodiara; [16] pero el Señor Dios le advirtió: «Puedes comer libremente del fruto de cualquier árbol del huerto, [17] excepto del árbol del conocimiento del bien y del mal. Si comes de su fruto, sin duda morirás».

18 Después, el Señor Dios dijo: «No es bueno que el hombre esté solo. Haré una ayuda ideal para él». **19** Entonces el Señor Dios formó de la tierra todos los animales salvajes y todas las aves del cielo. Los puso frente al hombre para ver cómo los llamaría, y el hombre escogió un nombre para cada uno de ellos. **20** Puso nombre a todos los animales domésticos, a todas las aves del cielo y a todos los animales salvajes; pero aún no había una ayuda ideal para él.

21 Entonces el Señor Dios hizo que el hombre cayera en un profundo sueño. Mientras el hombre dormía, el Señor Dios le sacó una de sus costillas y cerró la abertura. **22** Entonces el Señor Dios hizo de la costilla a una mujer, y la presentó al hombre.

23 «¡Al fin! —exclamó el hombre—.
¡Esta es hueso de mis huesos
    y carne de mi carne!
Ella será llamada "mujer"
    porque fue tomada del hombre».

24 Esto explica por qué el hombre deja a su padre y a su madre, y se une a su esposa, y los dos se convierten en uno solo.

25 Ahora bien, el hombre y su esposa estaban desnudos, pero no sentían vergüenza.

PREGUNTA INTRODUCTORIA: De todas las tareas que tienes a cargo, ¿cuál es tu favorita y por qué?

1. OBSERVACIÓN: (pregunta 5, p. 57) Según lo que analizaste en la pregunta anterior, ¿la función de gobierno sobre las demás criaturas es dada a una sola persona o a más de una? ¿Qué conclusión puedes sacar a partir de esto?

APLICACIÓN: (pregunta 8, p. 57) Teniendo en cuenta que Dios declara que la creación es «buena», ¿cómo debían los seres humanos ser buenos gobernantes de todas las criaturas de la tierra? ¿Cuáles son las cualidades de un buen gobernante?

Las cualidades que enumeraste, ¿cómo reflejan la manera en que nuestro Dios bueno nos gobierna?

2. OBSERVACIÓN: (pregunta 14, p. 59) ¿Te parece que Génesis 2 muestra a un Dios más cercano? ¿Cuál de Sus palabras o acciones te lleva a esa conclusión?

APLICACIÓN: (pregunta 15, p. 59) ¿Qué te resulta más fácil: pensar en Dios como alguien todopoderoso o cercano? ¿Qué experiencias o relaciones del pasado han influenciado tu respuesta?

3. OBSERVACIÓN: (pregunta 19, p. 61) ¿Por qué piensas que Dios da roles específicos al hombre y a la mujer?

¿Por qué crees que Dios les marca límites?

APLICACIÓN: (pregunta 20, p. 61) Dios es un gobernante bueno que sabe lo que hace. Los roles y los límites pueden ser difíciles, pero también son buenos. Piensa en un rol y un límite que Dios te haya dado. ¿Qué hace que sean difíciles, pero a la vez buenos?

4. **OBSERVACIÓN:** (pregunta 26, p. 63) Piensa en las implicaciones de convertirse en «uno solo» o «un solo cuerpo» (RVR1960). Lee Efesios 5:28-31. ¿Cómo cuidas tu propio cuerpo? Entonces, ¿cómo deberían las personas tratar a su cónyuge?

APLICACIÓN: (pregunta 28, p. 63) Según lo que sabes que va a suceder en el capítulo 3, resume el capítulo 2 con tus propias palabras, en tres oraciones. Escribe como si fueras un narrador que cuenta la historia a un niño: «Érase una vez...».

5. **CIERRE:** ¿Qué aspecto del carácter de Dios te ha mostrado más claramente el pasaje de Génesis de esta semana?

Completa la siguiente afirmación:
Saber que Dios es _____ me muestra que yo soy
_____.

¿Qué paso puedes dar esta semana para vivir a la luz de esta verdad?

_____
_____
_____
_____
_____
_____
_____
_____
_____
_____
_____
_____
_____
_____
_____
_____
_____
_____
_____
_____
_____
_____
_____
_____
_____
_____

_____

_____

_____

_____

_____

_____

_____

_____

_____

_____

_____

_____

_____

_____

_____

_____

_____

_____

_____

_____

_____

SEMANA CINCO:

EL PARAÍSO PERDIDO

Al final de Génesis 2, nos encontramos en un huerto perfecto y con una creación ordenada y declarada indudablemente buena por Su propio Creador. Sin embargo, la experiencia humana nos dice que ahora estamos lejos de ese lugar. Génesis 3 nos explica el porqué del quebranto, la tristeza y las penurias que son parte de la experiencia común de todos los que vivimos en este planeta. Es una historia tan conocida como la tentación misma, pero no carece de esperanza.

DÍA UNO

LEER GÉNESIS 3:1-24.

1. Reflexiona sobre Génesis 1 y 2. Escribe un resumen de dos o tres oraciones sobre lo que sucede en cada capítulo.

    GÉNESIS 1

    GÉNESIS 2

2. ¿De qué forma los dos primeros capítulos de Génesis crean el marco de los eventos que sucederán en el capítulo 3?

DÍA DOS

AHORA PRESTA ATENCIÓN A 3:1-6.

3. La tentación de Eva nos enseña algunas cosas sobre la forma en que podemos ser tentados por el enemigo. ¿Qué crees que la serpiente quería lograr cuando preguntó: «¿De veras Dios les dijo...?» en el versículo 3:1?

¿Cómo podría una persona ser tentada de la misma forma hoy?

4. ¿Cómo debemos responder a esa pregunta? Busca los siguientes versículos para que te ayuden con tu respuesta:

SALMOS 19:7-14

SALMOS 119:11

LUCAS 4:3-4

5. Fíjate en lo que Dios de verdad dijo y en lo que Eva le responde a la serpiente. Completa el cuadro con lo que dijo cada uno.

LO QUE DIOS DIJO	LO QUE DIOS DIJO, SEGÚN EVA
Génesis 2:16	Génesis 3:2
Génesis 2:9 (Fíjate en lo que Dios puso en el huerto).	Génesis 3:3
Génesis 2:17	Génesis 3:3

¿Qué palabras de Dios minimiza Eva?

¿Qué palabras de Dios exagera Eva?

¿Qué revelan las palabras de Eva sobre su actitud hacia Dios?

6. Lee 3:4-5. ¿Qué táctica usa la serpiente para alejar a Eva de Dios?

¿Cómo podría una persona ser tentada de la misma forma hoy?

7. ¿Cómo crees que Eva debió haber respondido a la serpiente?

8. ¿Cuáles fueron las tres características del fruto que atrajeron a Eva (3:6)?

    1.

    2.

    3.

    ¿Es malo desear estas cosas? ¿Cuál fue su error cuando buscó que el fruto satisficiera esos deseos?

    ¿Cómo podría una persona ser tentada de la misma forma hoy?

9. ¿Qué crees que debió haber hecho Adán cuando Eva le ofreció el fruto?

10. La serpiente le dijo a Eva que comer del fruto la haría como Dios (3:5). ¿En qué sentido fue esto cierto (3:22)? ¿En qué sentido fue una mentira?

11. **APLICACIÓN:** ¿En qué áreas de tu vida estás luchando con la tentación (o cediendo a ella) en este momento?

¿Qué enseñanza encuentras en el relato de la tentación de Adán y Eva para resistir las tentaciones que enfrentas?

DÍA TRES

AHORA CONCÉNTRATE EN GÉNESIS 3:7-13.

12. Observa cómo el pecado afecta las acciones de Adán y Eva. Junto a cada pasaje, escribe qué hacen Adán y Eva, y por qué piensas que lo hacen.

	LO QUE HACEN ADÁN Y EVA EN RESPUESTA A SU PECADO	POR QUÉ REACCIONAN DE ESA MANERA
Génesis 2:25; 3:7		
Génesis 3:8-10		
Génesis 3:12-13		

13. Dios les hace una serie de preguntas a Adán y Eva (3:9-13). Lee Salmos 139:1-4. A la luz de la descripción de Dios en ese pasaje, ¿por qué piensas que Dios hace preguntas en lugar de usar otra forma de diálogo?

14. **APLICACIÓN:** Piensa en las formas en que Adán y Eva respondieron a su pecado. ¿Cuál de ellas has usado tú? ¿Qué creencia incorrecta sobre Dios te hace responder de esa manera?

DÍA CUATRO

AHORA ENFÓCATE EN GÉNESIS 3:14-19.

15. Busca en el pasaje la palabra «maldita». Anota en qué versículos aparece y sobre qué/quién se pronuncia la maldición.

16. En tus propias palabras, escribe la respuesta de Dios a las acciones de la serpiente. ¿Qué será diferente de ahora en más (3:14-15)?

    ¿Por qué crees que Dios le asigna esta consecuencia en particular a la serpiente? ¿Por qué es adecuada?

17. En tus propias palabras, escribe la respuesta de Dios a las acciones de la mujer. ¿Qué será diferente de ahora en más (3:16)? Vuelve a leer el versículo 2:18 para encontrar la respuesta.

    ¿Por qué crees que Dios le asigna esta consecuencia en particular a la mujer? ¿Por qué es adecuada?

18. En tus propias palabras, escribe la respuesta de Dios a las acciones del hombre. ¿Qué será diferente de ahora en más (3:17-19)? Vuelve a leer los versículos 2:15-17 para encontrar la respuesta.

¿Por qué crees que Dios le asigna esta consecuencia en particular al hombre? ¿Por qué es adecuada?

19. **APLICACIÓN:** Según el relato de lo sucedido entre la serpiente y nuestros antepasados, Adán y Eva, ¿cómo definirías *pecado*?

DÍA CINCO

AHORA PRESTA ATENCIÓN A GÉNESIS 3:20-24.

20. ¿Cuál es el primer acto de Adán después de que se establecen las consecuencias del pecado (3:20)? ¿En qué sentido este acto deja ver una esperanza?

21. ¿Cuál es el primer acto de Dios después de que se establecen las consecuencias del pecado (3:21)? ¿En qué sentido este acto deja ver una esperanza?

22. Dios expulsa a Adán y Eva del huerto para evitar una catástrofe aún mayor. ¿Qué quiere evitar que suceda? ¿Por qué (3:22-23)?

23. ¿Qué medida de seguridad establece Dios para asegurarse de que nadie ingrese a Su huerto (3:24)? _____
Lee los siguientes versículos para ver otros lugares en que se mencionan estas criaturas angelicales en las Escrituras. Junto a cada referencia, anota en qué lugar se encuentran.

ÉXODO 36:8

NÚMEROS 7:89

SALMOS 99:1

EZEQUIEL 10:18-19

¿Cómo describirías el rol que cumplen?

24. Según el relato de Génesis 3, ¿cómo ha cambiado la relación entre Dios y los seres humanos como consecuencia del pecado?

25. **APLICACIÓN:** ¿De qué manera la respuesta de Dios a Adán y Eva te sirve de advertencia? ¿Cómo te reconforta?

CIERRE

¿Qué aspecto del carácter de Dios te ha mostrado más claramente el pasaje de Génesis de esta semana?

Completa la siguiente afirmación:

Saber que Dios es _____ me muestra que yo soy _____.

¿Qué paso puedes dar esta semana para vivir a la luz de esta verdad?

SEMANA CINCO | DEBATE EN GRUPO

PREGUNTA INTRODUCTORIA: ¿Cuál es el «fruto prohibido» que te encanta comer?

1. OBSERVACIÓN: (pregunta 7 y 9, p. 77) ¿Cómo crees que Eva debió haber respondido a la serpiente? ¿Qué crees que debió haber hecho Adán cuando Eva le ofreció el fruto?

APLICACIÓN: (pregunta 11, p. 78) ¿En qué áreas de tu vida estás luchando con la tentación (o cediendo a ella) en este momento?

¿Qué enseñanza encuentras en el relato de la tentación de Adán y Eva para resistir las tentaciones que enfrentas?

2. OBSERVACIÓN: (pregunta 13, p. 79) Dios les hace una serie de preguntas a Adán y Eva (3:9-13). Lee Salmos 139:1-4. A la luz de la descripción de Dios en ese pasaje, ¿por qué piensas que Dios hace preguntas en lugar de usar otra forma de diálogo?

APLICACIÓN: (pregunta 14, p. 79) Piensa en las formas en que Adán y Eva respondieron a su pecado. ¿Cuál de ellas has usado tú? ¿Qué creencia incorrecta sobre Dios te hace responder de esa manera?

3. OBSERVACIÓN: (pregunta 17 y 18, pp. 80-81) En tus propias palabras, escribe la respuesta de Dios a las acciones del hombre y de la mujer. ¿Qué será diferente de ahora en más?

¿Por qué crees que Dios les asigna estas consecuencias en particular? ¿Por qué son adecuadas?

APLICACIÓN: (pregunta 19, p. 81) Según el relato de lo sucedido entre la serpiente y nuestros antepasados, Adán y Eva, ¿cómo definirías *pecado*?

4. OBSERVACIÓN: (pregunta 24, p. 83) Según el relato de Génesis 3, ¿cómo ha cambiado la relación entre Dios y los seres humanos como consecuencia del pecado?

APLICACIÓN: (pregunta 25, p. 83) ¿De qué manera la respuesta de Dios a Adán y Eva te sirve de advertencia? ¿Cómo te reconforta?

5. CIERRE: ¿Qué aspecto del carácter de Dios te ha mostrado más claramente el pasaje de Génesis de esta semana?

Completa la siguiente afirmación:
Saber que Dios es _____ me muestra que yo soy _____.

¿Qué paso puedes dar esta semana para vivir a la luz de esta verdad?

SEMANA SEIS:

CAÍN
Y
ABEL

En Génesis 3, vimos cómo nuestros antepasados encarnaron la definición fundamental de pecado: considerar la voluntad propia por encima de la voluntad de Dios. Esta semana veremos la caída que fue resultado de su desobediencia. Veremos lo rápido que el pecado llegó a arraigarse en tan solo una generación. Aferrados a la promesa de que Dios destruiría a la serpiente a través de la simiente de la mujer, Adán y Eva se convierten en los primeros padres. Pero ser padres fuera del huerto de la provisión de Dios resultó ser una tarea penosa.

DÍA UNO

LEE GÉNESIS 4:1-16.

1. En Génesis 3, ¿contra quién es la ofensa?
    La humanidad contra _____

    En Génesis 4, ¿contra quién es la ofensa?
    La humanidad contra _____

    La humanidad contra _____

2. Resume la idea principal de la historia de Caín y Abel en una oración:

3. ¿Cómo se conecta lógicamente esta parte de la narración con lo que sucedió en el capítulo anterior?

DÍA DOS

AHORA PRESTA ATENCIÓN A GÉNESIS 4:1-3.

4. Lee los versículos 4:1-2. ¿Qué dice Eva después del nacimiento de Caín?

    ¿Por qué piensas que dice eso? Vuelve a leer 2:21-22 para encontrar la respuesta.

5. Ahora, lee 1 Corintios 11:11-12. ¿Cómo te ayuda a comprender lo que Eva quiere decir en el versículo 4:1?

6. ¿A qué se dedicaban los dos primeros hijos de Eva?

    Caín: _____

    Abel: _____

    ¿Cómo encajan sus ocupaciones con lo que leímos en Génesis 1–3 sobre el rol de los seres humanos en la creación?

    Según Génesis 1–3, ¿es una de estas ocupaciones más honorable que la otra?

7. Aunque esta escena precede el momento en que Israel recibió la ley, los hermanos hacen lo que se parece a la ofrenda de primicias que se estableció luego como requisito para el pueblo de Dios (esto lo veremos más adelante en el estudio). Escribe lo que ofrendó cada uno de los hermanos. Incluye detalles específicos en tu respuesta.

Caín: _____

Abel: _____

8. **APLICACIÓN:** Desde un punto de vista espiritual, cuando ofrendamos a Dios lo primero y lo mejor de nuestro trabajo, ¿cómo esto orienta nuestro corazón hacia Él? Brinda un ejemplo práctico de cómo un creyente de hoy podría seguir el mismo principio.

DÍA TRES

AHORA ENFÓCATE EN GÉNESIS 4:4-7.

9. Caín y Abel presentan ofrendas a Dios, pero, por algún motivo, uno de los hermanos halla favor con Dios, mientras que el otro no. Lee los siguientes versículos y anota lo que enseñan sobre los patrones de «ofrendas aceptables».

    DEUTERONOMIO 26:1-11 *(especialmente, los vv. 2,10)*

    ÉXODO 13:2,12

    ÉXODO 34:19

    LEVÍTICO 3:14-16

Según estos versículos, ¿cuál es el motivo más probable por el cual Dios rechazó la ofrenda de Caín?

10. Ahora lee Salmos 51:14-17. ¿Cómo nos ayuda este pasaje a comprender el rechazo del sacrificio de Caín?

11. Lee Génesis 4:5 con atención. ¿Es la ofrenda de Caín lo único que Dios no aprueba?

12. Lee los siguientes versículos y fíjate en cómo explican por qué Dios rechaza no solo la adoración, sino también al adorador.

1 SAMUEL 16:7

SALMOS 40:6-8

HEBREOS 11:4,6

Según estos versículos, ¿cuál es el elemento más importante en cualquier acto de adoración?

.

13. Vuelve a leer el versículo 4:5. ¿Cómo reaccionó Caín al rechazo de Dios?

_____

.

¿Cuál habría sido una reacción correcta?

14. **APLICACIÓN:** Como Caín, a veces cometemos el error de ofrecer sacrificios a Dios que no son aceptables delante de Él. Da ejemplos de esto en tu propia vida.

¿Por qué crees que tenemos una tendencia a hacer esto?

DÍA CUATRO

AHORA PRESTA ATENCIÓN A GÉNESIS 4:6-12.

15. ¿En qué se parecen la forma en que Dios trata el pecado de Caín y la forma en que trata el pecado de Adán y Eva? Anota todas las similitudes a continuación.

16. Vuelve a leer el versículo 4:9. ¿En qué se parecen la respuesta verbal de Caín a su pecado y la respuesta de Adán y Eva?

¿En qué se diferencian?

17. Aunque Dios no responde a la pregunta de Caín en el versículo 4:9, ¿cuál es la respuesta que se sobrentiende? _____

18. Lee 1 Juan 3:11-15. En el versículo 15, ¿con qué emoción vincula Juan el acto homicida de Caín? _____

A continuación, citamos el Gran Mandamiento (Luc. 10:27, RVR1960).

«Amarás al Señor tu Dios con todo tu corazón, y con toda tu alma, y con todas tus fuerzas, y con toda tu mente; y [amarás] a tu prójimo como a ti mismo».

Ahora, lo citaremos nuevamente, pero sin la palabra «amarás». Completa los espacios en blanco con la palabra que escribiste arriba (en forma verbal).

«_____ al Señor tu Dios con todo tu corazón, y con toda tu alma, y con todas tus fuerzas, y con toda tu mente; y [_____] a tu prójimo como a ti mismo».

¿De qué manera esta inversión del Gran Mandamiento describe fielmente la historia de Caín?

19. Lee Génesis 4:11-12. ¿Qué castigo recibe Caín por asesinar a su hermano?

¿Por qué este castigo concuerda perfectamente no solo con el crimen, sino también con el criminal?

20. **APLICACIÓN**: ¿Qué significa afirmar que somos «guardianes de nuestros hermanos»? ¿A quién debe considerar el creyente de hoy como sus hermanos?

¿A qué persona de tu esfera de influencia te niegas a tratar con el amor especial que les debes a tus hermanos? ¿Qué temor, justificación o actitud pecaminosa te impide tratarlo como tal? ¿Qué pasos puedes dar para mejorar en este aspecto, por la gracia de Dios?

DÍA CINCO

AHORA FÍJATE EN GÉNESIS 4:13-16.

21. La reacción de Caín, ¿muestra arrepentimiento por su pecado (4:13-14)? Explica tu respuesta.

22. ¿Por qué piensas que Dios le pone una marca a Caín para evitar que lo maten?

23. ¿Qué aprendes sobre el carácter de Dios cuando ves Su actitud hacia el pecado en la historia de Caín y Abel? Detalla los rasgos específicos de Su carácter y dónde los encuentras en la historia.

24. Lee Mateo 5:21-24. En este pasaje, ¿con qué acto vincula Jesús la emoción de la ira?

    ¿Qué dice Jesús sobre las ofrendas aceptables?

25. Nos hemos enfocado bastante en Caín; nos fijaremos ahora en Abel. Busca Hebreos 11:4 y anota lo que nos dice sobre Abel.

26. Según el autor de Hebreos, la sangre de Abel todavía nos habla hoy a causa de su fe. En el siguiente cuadro, busca los pasajes que están junto a las afirmaciones sobre Abel y anota qué personaje del Nuevo Testamento encaja con la historia de Abel.

ABEL ...		AL IGUAL QUE ...
... era pastor.	Juan 10:11	
... fue odiado por su hermano sin merecerlo.	Juan 15:23-25	
... fue el objeto de los celos de su hermano.	Mateo 27:15-18	
... fue asesinado violentamente por su hermano.	Hechos 2:22-23,36	
... ofreció un sacrificio agradable.	Efesios 5:2	

Según lo que escribiste en el cuadro, ¿crees que la vida de Jesús, nuestro hermano, demuestra que Él respondió «Sí» a la pregunta de si Él es nuestro guardián? ¿Por qué?

27. **APLICACIÓN:** Porque Caín no se ocupó de su ira cuando Dios se lo advirtió, ese enojo contra Dios y contra su hermano derivó en violencia y asesinato.

¿Con quién te resulta fácil enojarte?

¿Qué piensas que Dios quiere que hagas con tu enojo? Por la gracia de Dios, ¿cómo puedes lograr reaccionar de la manera en que Caín debería haber respondido?

¿Qué aspecto del carácter de Dios te ha mostrado más claramente el pasaje de Génesis de esta semana?

Completa la siguiente afirmación:
Saber que Dios es _____ me muestra que yo soy _____.

¿Qué paso puedes dar esta semana para vivir a la luz de esta verdad?

PREGUNTA INTRODUCTORIA: ¿Cuál es tu tradición familiar preferida?

1. **OBSERVACIÓN:** (pregunta 6, p. 93) ¿A qué se dedicaban los dos primeros hijos de Eva? ¿Cómo encajan sus ocupaciones con lo que leímos en Génesis 1–3 sobre el rol de los seres humanos en la creación? Según Génesis 1–3, ¿es una de estas ocupaciones más honorable que la otra?

   APLICACIÓN: (pregunta 8, p. 94) Desde un punto de vista espiritual, cuando ofrendamos a Dios lo primero y lo mejor de nuestro trabajo, ¿cómo orienta esto nuestro corazón hacia Él? Brinda un ejemplo práctico de cómo un creyente de hoy podría seguir el mismo principio.

2. **OBSERVACIÓN:** (pregunta 12, p. 96) Lee los siguientes versículos y fíjate en cómo explican por qué Dios rechaza no solo la adoración, sino también al adorador: 1 Samuel 16:7; Salmos 40:6-8; Hebreos 11:4,6. Según estos versículos, ¿cuál es el elemento más importante en cualquier acto de adoración?

   APLICACIÓN: (pregunta 14, p. 97) Como Caín, a veces cometemos el error de ofrecer sacrificios a Dios que no son aceptables delante de Él. Da ejemplos de esto en tu propia vida. ¿Por qué crees que tenemos una tendencia a hacer esto?

3. **OBSERVACIÓN:** (pregunta 18, p. 98) ¿De qué manera la inversión del Gran Mandamiento describe fielmente la historia de Caín?

   APLICACIÓN: (pregunta 20, p. 99) ¿Qué significa afirmar que somos «guardianes de nuestros hermanos»? ¿A quiénes debe considerar el creyente de hoy como sus hermanos? ¿Qué temor, justificación o actitud pecaminosa nos impide tratarlos como tales?

4. OBSERVACIÓN: (pregunta 24, p. 100) Lee Mateo 5:21-24. En este pasaje, ¿con qué acto vincula Jesús la emoción de la ira? ¿Qué dice Jesús sobre las ofrendas aceptables?

APLICACIÓN: (pregunta 27, p. 101) ¿Con quién te resulta fácil enojarte? ¿Qué piensas que Dios quiere que hagas al respecto? Por la gracia de Dios, ¿cómo puedes lograr reaccionar de la manera en que Caín debería haber respondido?

5. CIERRE: ¿Qué aspecto del carácter de Dios te ha mostrado más claramente el pasaje de Génesis de esta semana?

Completa la siguiente afirmación:

Saber que Dios es _____ me muestra que yo soy

_____.

¿Qué paso puedes dar esta semana para vivir a la luz de esta verdad?

SEMANA SIETE:

CON NOMBRE PROPIO

En la semana seis, vimos los efectos del pecado en la generación posterior a Adán y Eva. Con qué rapidez el acto de priorizar la voluntad humana por sobre la de Dios llevó al acto de homicidio. Esta semana, veremos que la maldad continuó propagándose, pero Dios siguió demostrando Su fidelidad al ofrecer redención.

La mayoría de las personas no se detiene mucho tiempo en las genealogías del Antiguo Testamento, pero nosotros sí lo haremos. Comencemos esta lección buscando 2 Timoteo 3:16-17. Pídele a Dios que te muestre la verdad de estos versículos mientras estudias Génesis 4:17–6:8.

DÍA UNO

LEE GÉNESIS 4:17–6:8

1. Resume esta sección del texto en dos o tres oraciones.

2. ¿Cómo se conecta lógicamente esta parte de la narración con lo que sucedió en el capítulo anterior?

3. ¿Qué partes del texto de esta semana te resultaron confusas?

DÍA DOS

AHORA PRESTA ATENCIÓN A GÉNESIS 4:17-25.

4. Lee el versículo 4:17. ¿En qué iniciativa se involucró Caín?

    _____

    Vuelve a leer la maldición que Dios pronunció sobre Caín por haber
    asesinado a Abel (4:12). Que Caín fundara una ciudad, ¿qué nos dice
    sobre el estado su corazón?

5. En el siguiente cuadro, completa la columna con la genealogía de Caín
    detallada en 4:17-18.

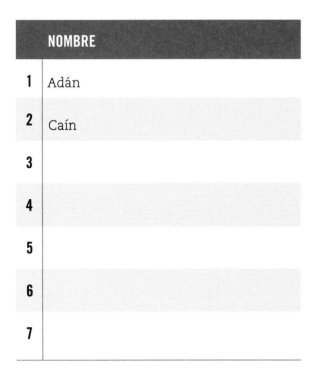

	NOMBRE
1	Adán
2	Caín
3	
4	
5	
6	
7	

6. En 4:19, ¿qué se nos cuenta sobre Lamec, el séptimo en la genealogía de Caín a partir de Adán?

¿Qué nos dice esto sobre su carácter? (Ver 2:24).

7. Escribe los nombres de los tres hijos de Lamec y sus ocupaciones.

NOMBRE	OCUPACIÓN

¿Por qué crees que el autor incluye estos detalles en la narración?

8. En 4:23-24, ¿qué aprendes sobre el carácter de Lamec? Detalla algunos rasgos de su carácter y cómo los demuestra.

9. Es posible (pero improbable) que Lamec haya actuado en defensa propia. Si la defensa propia fue su motivación, ¿qué palabra sería más adecuada para describir su reacción ante esa ofensa?

    Justicia   *Venganza*   *Misericordia*

    ¿Cuál es la palabra que probablemente describa la verdadera motivación en la reacción de Lamec? ¿Por qué?

10. ¿Cuál es la diferencia entre la justicia y la venganza? ¿Y entre la justicia y la misericordia? Busca estos tres términos en un diccionario para formular tu respuesta.

11. En los escritos hebreos, el número siete aludía a «completitud, perfección, infinidad», probablemente debido al relato de los siete días de la creación. ¿Cómo te ayuda esta idea a entender el juramento de Lamec en 4:24?

12. Lee Mateo 18:21-22. ¿En qué se diferencian esta enseñanza y la actitud de Lamec?

13. **APLICACIÓN:** ¿Qué actitud suele caracterizar tus acciones cuando percibes que alguien te ha ofendido?

Justicia   *Venganza*   *Misericordia*

¿Cómo puedes cambiar tu percepción de la situación para poder demostrar misericordia, en lugar de justicia o venganza?

DÍA TRES

AHORA CONCÉNTRATE EN GÉNESIS 4:25-26.

14. En esta sección del texto, se presenta el linaje de Set. El nombre Set suena como la palabra hebrea que significa «designado». Lee 3:15 y responde con tu opinión: ¿Para qué creía Eva que había sido designado Set?

   ¿Fue correcta la suposición de Eva? Explica tu respuesta.

15. ¿Qué esperanzadora noticia recibimos en el versículo 4:26? Escríbela a continuación.

   Busca los siguientes versículos y escribe cómo te ayudan a comprender lo que significa esa frase:

   SALMOS 86:1-7

   2 TIMOTEO 2:22

16. **APLICACIÓN:** Pasaron muchas generaciones antes de que el piadoso linaje de Set comenzara a invocar el nombre del Señor. ¿Qué factores hacen que seamos lentos para clamar al Señor en tiempos de angustia o tentación?

¿En qué prueba o tentación actual te cuesta clamar a Su nombre? Escríbela a continuación. Comprométete a orar por ello esta semana, a confesar cualquier motivo oculto de duda u orgullo, y a pedir de Su gracia en tiempos de necesidad.

DÍA CUATRO

AHORA ENFÓCATE EN GÉNESIS 5:1-32.

17. ¿Por qué piensas que Moisés incluye el versículo 1 del capítulo 5? ¿Te suena conocido?

18. La genealogía de Set se contrasta con la genealogía de Caín. ¿Con quién comienza Moisés la genealogía de Set? _____
¿Por qué piensas que la escribe así?

19. En los siguientes espacios en blanco, escribe los nombres que conforman la genealogía de Set.

	NOMBRE
1	
2	
3	
4	
5	
6	
7	
8	
9	
10	

20. Observa la repetición que usa Moisés en la genealogía de Set. ¿Por qué crees que no usa esta fórmula en la genealogía de Caín?

21. ¿Cuál de las frases repetidas te parece la más significativa? ¿Por qué crees que Moisés la incluyó?

22. ¿Se desvía Moisés de ese patrón de repetición en algún momento?
    _____

    ¿Con cuál de los descendientes? _____

    ¿Qué lugar numérico ocupa ese descendiente en el linaje de Set a partir de Adán? _____

    ¿Qué crees que quiere significa la frase: «Caminó, pues, Enoc con Dios, y desapareció, porque le llevó Dios» (v. 24, RVR1960)?

23. Lee Hebreos 11:5-6. ¿Qué te enseña sobre el final de la vida de Enoc?

Según este pasaje, ¿qué tenía Enoc que le permitió caminar con Dios?

24. Busca los siguientes pasajes y escribe cómo te ayudan a comprender lo que significa caminar o vivir en comunión con Dios.

SALMOS 23:1-4

1 JUAN 1:6-7

APOCALIPSIS 3:4-5

25. En tus propias palabras, escribe cómo piensas que debe haber sido la vida de Enoc para que se la describa como un andar en comunión con Dios. ¿Cómo piensas que eran sus pensamientos? ¿Sus acciones? ¿Sus palabras?

26. **APLICACIÓN:** Caminar con Dios implica una vida de obediencia continua y reverente. ¿Qué otros «compañeros de andar» sueles preferir antes que Dios? ¿Qué te diría Enoc sobre ellos?

DÍA CINCO

AHORA PRESTA ATENCIÓN A GÉNESIS 6:1-8.

27. Génesis 6:1-3 es un pasaje notablemente difícil de interpretar, y se han sugerido muchas lecturas posibles, las cuales abordaremos durante la sesión de enseñanza. Por ahora, analiza el texto con atención e intenta sacar tus propias conclusiones. Lee 6:1-2 en la NVI y responde: ¿A quiénes piensas que hace referencia la frase «hijos de Dios»?

¿A quiénes piensas que hace referencia la frase «hijas de los seres humanos»?

(Ayuda: Piensa en la maldición que Dios pronunció sobre la serpiente en el capítulo 3).

28. ¿Qué crees que quiere decir el versículo 6:3? Escoge la respuesta que pienses que encaja mejor con el contexto. Explica por qué elegiste esa respuesta.

☐ Dios limitaría la esperanza de vida del hombre a 120 años para castigarlo por su maldad.

☐ La paciencia de Dios para con la maldad del hombre se terminaría en 120 años y enviaría un diluvio.

29. En 6:5, Moisés usa las palabras «magnitud», «todo» y «siempre y totalmente» en su descripción de la maldad del hombre. ¿Qué idea quiere darnos Moisés sobre el estado de la situación en este momento de la historia humana?

30. Lee 6:6-7. Compara estos versículos con 1:31. ¿Qué explica el cambio dramático de tono entre estos dos pasajes?

31. Anota las cosas que Dios dice que destruirá, según el orden de 6:7.

    1. _____

    2. _____ y _____

    3. _____

    Ahora vuelve a Génesis 1 y fíjate en el orden que fueron creadas estas cosas y anota el número correspondiente junto a cada una. ¿Por qué crees que Moisés narró la historia de esta manera?

32. Lee el versículo 6:8. Aunque entra en la lectura de la semana que viene, lee también el versículo 6:9. ¿A cuál de sus ancestros crees que se parecía Noé? _____

33. ¿Crees que ahora hay menos maldad en la tierra que en la época de Moisés? Explica tu respuesta.

34. ¿Cuál es tu reacción inicial al anuncio de que Dios destruirá Su creación? ¿Por qué crees que solemos reaccionar de esa forma?

35. **APLICACIÓN:** Piensa en la manera en que vemos la maldad de nuestro propio corazón. La idea de eliminarla, ¿nos causa la misma reacción inicial que el relato del diluvio? Explica tu respuesta.

CIERRE

¿Qué aspecto del carácter de Dios te ha mostrado más claramente el pasaje de Génesis de esta semana?

Completa la siguiente afirmación:
Saber que Dios es _____ me muestra que yo soy _____.

¿Qué paso puedes dar esta semana para vivir a la luz de esta verdad?

PREGUNTA INTRODUCTORIA: ¿Quién es tu pariente favorito? ¿Por qué?

1. OBSERVACIÓN: (pregunta 10, p. 113) ¿Cuál es la diferencia entre la justicia y la venganza? ¿Y entre la justicia y la misericordia? Busca estos tres términos en un diccionario para formular tu respuesta.

APLICACIÓN: (pregunta 13, p. 114) ¿Qué actitud (justicia, venganza o misericordia) suele caracterizar tus acciones cuando percibes que alguien te ha ofendido? ¿Cómo puedes cambiar tu percepción de la situación para poder demostrar misericordia, en lugar de justicia o venganza?

2. OBSERVACIÓN: (pregunta 15, p. 115) ¿Qué esperanzadora noticia recibimos en 4:26? Busca los siguientes versículos y escribe cómo te ayudan a comprender lo que significa esa frase: Salmos 86:1-7; 2 Timoteo 2:22.

APLICACIÓN: (pregunta 16, p. 116) Pasaron muchas generaciones antes de que el piadoso linaje de Set comenzara a invocar el nombre del Señor. ¿Qué factores hacen que seamos lentos para clamar al Señor en tiempos de angustia o tentación?

3. OBSERVACIÓN: (pregunta 25, p. 120) En tus propias palabras, escribe cómo piensas que debe haber sido la vida de Enoc para que se la describa como un andar en comunión con Dios. ¿Cómo piensas que eran sus pensamientos? ¿Sus acciones? ¿Sus palabras?

APLICACIÓN: (pregunta 26, p. 120) Caminar con Dios implica una vida de obediencia continua y reverente. ¿Qué otros «compañeros de andar» sueles preferir antes que Dios? ¿Qué te diría Enoc sobre ellos?

4. OBSERVACIÓN: (pregunta 34, p. 122) ¿Cuál es tu reacción inicial al anuncio de que Dios destruirá Su creación? ¿Por qué crees que solemos reaccionar de esa forma?

APLICACIÓN: (pregunta 35, p. 123) Piensa en la manera en que vemos la maldad de nuestro propio corazón. La idea de eliminarla, ¿nos causa la misma reacción inicial que el relato del diluvio? Explica tu respuesta.

5. CIERRE: ¿Qué aspecto del carácter de Dios te ha mostrado más claramente el pasaje de Génesis de esta semana?

Completa la siguiente afirmación:
Saber que Dios es _____ me muestra que yo soy _____.

¿Qué paso puedes dar esta semana para vivir a la luz de esta verdad?

SEMANA OCHO:

EL DILUVIO

En la semana siete, vimos una comparación entre el linaje profano de Caín y el linaje piadoso de Set. De la línea de Set, que se origina con Adán, descienden Noé y, finalmente, Cristo. Esta semana nos enfocaremos en Noé, un hombre justo que vivió en medio de la corrupción y la inmoralidad, y cuyo nombre tiene la connotación de alivio, consuelo y reposo.

Dedicaremos esta semana a analizar detenidamente la estructura de la narración. Deberás buscar patrones y repeticiones a medida que leas, así como lo hiciste con el relato de la creación en Génesis 1–2. Pregúntate por qué se incluyen ciertos detalles y se omiten otros. Pídele a Dios que te conceda descubrir nuevos tesoros en esta historia que ya conoces.

DÍA UNO

LEE GÉNESIS 6:9–8:19.

1. Compara el versículo 6:9 con los versículos 2:4 y 5:1. ¿Qué patrón observas?

2. A continuación, resume qué parte del relato de Génesis se presenta en cada uno de estos versículos.

    GÉNESIS 2:4

    GÉNESIS 5:1

    GÉNESIS 6:9

3. Aunque quizás ya conozcas la historia del arca de Noé, ¿qué detalles notaste durante tu lectura que tal vez no habías visto antes?

DÍA DOS

AHORA PRESTA ATENCIÓN A GÉNESIS 6:9-22.

4. En 6:9, se mencionan tres características de Noé. Anótalas a continuación y explica lo que crees que dice cada una sobre su carácter y sus acciones.

    1. Noé era un _____ _____.

    2. Noé era la única persona _____ que vivía en la tierra en _____.

    3. Noé _____ con _____.

5. Compara 6:11-13 con 6:5-7. ¿Por qué Moisés reitera la misma idea? ¿En qué se parecen estos pasajes? ¿En qué se diferencian?

6. Lee 6:14-21 y encuentra las respuestas a los siguientes interrogantes sobre la barca.
    CÓMO:

    QUIÉN:

QUÉ:

DÓNDE:

POR QUÉ:

7. Ahora lee 6:22. ¿Por qué Moisés incluye este versículo? ¿De qué manera confirma lo que leímos en 6:9?

8. **APLICACIÓN:** En una época de completa corrupción moral, ¿en qué crees que Noé se diferenciaba de sus contemporáneos? ¿Cómo crees que sus pensamientos, palabras y acciones lo caracterizaban como siervo de Dios?

    ¿Cuál de las características distintivas que mencionaste querrías ver en tu vida? ¿Qué te impide andar con Dios más constantemente?

DÍA TRES

AHORA PRESTA ATENCIÓN A GÉNESIS 7:1-12.

9. Lee 7:2-3. ¿Por qué crees que Dios le manda a Noé que tome siete parejas de animales aprobados y siete parejas de aves en lugar de solo dos? (Ayuda: echa un vistazo al texto de la próxima semana).

10. ¿Qué idea se recalca en el versículo 7:5?

11. ¿Cuántos años tenía Noé cuando subió a la barca?

    _____

    Vuelve a leer el versículo 5:32. ¿Cuántos años tenía Noé cuando nacieron sus hijos? _____

    Considera estos datos y estima cuánto tiempo probablemente le tomó a Noé construir la barca: _____

    Lee 7:7,13. ¿Cuántos seres humanos estuvieron a salvo dentro de la barca? _____

12. Según 7:8-9, ¿cómo cumplió Noé la instrucción que le dio Dios de llenar la barca con animales?

13. **APLICACIÓN:** ¿Qué enseñanzas puedes sacar de tus respuestas a la pregunta 11? La cronología dispuesta por Dios para la historia de Noé, ¿cómo moldea o cambia tu perspectiva sobre tu propia vida?

DÍA CUATRO

AHORA CONCÉNTRATE EN GÉNESIS 7:13-24.

14. Mientras lees con atención, busca en este pasaje cualquier idea, frase o imagen que te resulte conocida. Anótalas a continuación. Vuelve a Génesis 1–2 y fíjate en dónde las leíste antes.

IDEAS, FRASES O IMÁGENES CONOCIDAS	REFERENCIA CRUZADA DE GÉNESIS 1–2

¿Por qué crees que Moisés vuelve a usar estas ideas en el relato del diluvio?

15. ¿Cómo describirías el tono de 7:11-16? Resume la idea principal en una oración.

16. ¿Cómo describirías el tono de 7:17-24? Resume la idea principal en una oración.

17. Lee Hebreos 11:7 en la NVI. Completa los espacios en blanco con las descripciones de Noé:

Por la _____ Noé, advertido sobre cosas que aún no se veían

_____ _____ construyó un arca para salvar a su

familia. Por esa fe _____ _____ _____ y

llegó a ser heredero de la justicia que viene por la fe.

En la historia de Noé narrada en Génesis, ¿qué evidencia encuentras de esta descripción?

18. **APLICACIÓN:** ¿Qué significa que una persona se caracterice por su «temor reverente» a la obra del Señor? ¿Qué tan adecuada es esa frase para describir tu propia disposición como creyente?

DÍA CINCO

AHORA ENFÓCATE EN GÉNESIS 8:1-14.

19. En Génesis 7–8, encontramos una crónica del diluvio. Sintetízala en el cuadro a continuación:

VERSÍCULO	PERÍODO	¿QUÉ SUCEDIÓ?
Génesis 7:4,10		
Génesis 7:12,17		
Génesis 7:24; 8:3		
Génesis 8:5-6		
Génesis 8:10		
Génesis 8:12		

Vuelve a mirar el cuadro. ¿Cuántos períodos del diluvio se mencionan? _____

¿Te parece significativa esa cantidad? (Piensa en la historia de la creación en Génesis 1).

20. Lee Salmos 69:1-16. ¿Quién escribió ese salmo? _____. ¿Quién más podría haberlo escrito? ¿Por qué? Escribe toda frase o pensamiento que respalde tu respuesta.

21. **APLICACIÓN:** Ahora, piensa en tu propia vida. ¿Has pasado alguna vez por un «diluvio»? Describe ese momento. ¿En qué se parecen tu historia y la de Noé? ¿En qué se diferencian? Esa experiencia, ¿qué te enseñó sobre Dios, sobre ti misma y sobre los demás?

CIERRE

¿Qué aspecto del carácter de Dios te ha mostrado más claramente el pasaje de Génesis de esta semana?

Completa la siguiente afirmación:
Saber que Dios es _____ me muestra que yo soy _____.

¿Qué paso puedes dar esta semana para vivir a la luz de esta verdad?

SEMANA OCHO | DEBATE EN GRUPO

PREGUNTA INTRODUCTORIA: Describe un momento en que te viste afectada por una catástrofe o fuerza natural.

1. OBSERVACIÓN: (pregunta 7, p. 132) Lee Mateo 6:22. ¿Por qué Moisés incluye este versículo? ¿De qué manera confirma lo que leímos en 6:9?

APLICACIÓN: (pregunta 8, p. 132) En una época de completa corrupción moral, ¿en qué crees que Noé se diferenciaba de sus contemporáneos? ¿Cómo crees que sus pensamientos, palabras y acciones lo caracterizaban como siervo de Dios?

¿Cuál de estas características distintivas querrías ver en tu vida? ¿Qué te impide andar con Dios más constantemente?

2. OBSERVACIÓN: (pregunta 11, p. 133) ¿Cuántos años tenía Noé cuando subió a la barca? Vuelve a leer el versículo 5:32. ¿Cuántos años tenía Noé cuando nacieron sus hijos?

Considera estos datos y estima cuánto tiempo probablemente le tomó a Noé construir la barca.

Lee 7:7,13. ¿Cuántos seres humanos estuvieron a salvo dentro de la barca?

APLICACIÓN: (pregunta 13, p. 133) ¿Qué enseñanzas puedes sacar de tus respuestas a la pregunta 11 (p. 133)? La cronología dispuesta por Dios para la historia de Noé, ¿cómo moldea o cambia tu perspectiva sobre tu propia vida?

3. OBSERVACIÓN: (pregunta 17, p. 135) Lee Hebreos 11:7. Fíjate en cómo se describe a Noé. En la historia de Noé narrada en Génesis, ¿qué evidencia encuentras de esta descripción?

APLICACIÓN: (pregunta 18, p. 135) ¿Qué significa que una persona se caracterice por su «temor reverente» a la obra del Señor? ¿Qué tan adecuada es esa frase para describir tu propia disposición como creyente?

4. OBSERVACIÓN: (pregunta 20, p. 136) Lee Salmos 69:1-16. ¿Quién escribió ese salmo? ¿Quién más podría haberlo escrito? ¿Por qué? Escribe toda frase o pensamiento que respalde tu respuesta.

APLICACIÓN: (pregunta 21, p. 137) Ahora, piensa en tu propia vida. ¿Has pasado alguna vez por un «diluvio»? Describe ese momento. ¿En qué se parecen tu historia y la de Noé? ¿En qué se diferencian? Esa experiencia, ¿qué te enseñó sobre Dios, sobre ti misma y sobre los demás?

5. CIERRE: ¿Qué aspecto del carácter de Dios te ha mostrado más claramente el pasaje de Génesis de esta semana?

Completa la siguiente afirmación:
Saber que Dios es _____ me muestra que yo soy
_____.

¿Qué paso puedes dar esta semana para vivir a la luz de esta verdad?

SEMANA OCHO | NOTAS SOBRE LA SESIÓN DE ENSEÑANZA

SEMANA NUEVE:

EL PACTO DE DIOS CON NOÉ

En la semana ocho, seguimos la historia de Noé y su familia durante el diluvio. Nuestra lectura de la semana pasada nos llevó hasta el momento en que los pasajeros a bordo del arca salen de ella y para ven el sol en una tierra antes anegada. Imagina que has pasado más de un año encerrada en un barco, a cargo del cuidado de un gran zoológico y sin saber cuánto tiempo deberás estar ahí ni lo que te espera una vez que las aguas hayan bajado. Finalmente, la tierra se seca y sales de la oscuridad del barco para ver la luz del día. ¿Qué crees que vieron Noé y su familia cuando sus ojos se adaptaron al panorama que tenían en frente?

DÍA UNO

LEE GÉNESIS 8:15–9:29. LUEGO PRESTA ATENCIÓN A GÉNESIS 8:13-19. INTENTA MIRAR LA ESCENA DESDE LOS OJOS DE NOÉ.

1. Piensa en la catástrofe natural más reciente que recuerdas haber vivido en persona o visto en las noticias. ¿Cómo te hicieron sentir esas imágenes e historias? A continuación, escribe específicamente lo que sentiste al ver...

LA DESTRUCCIÓN DE BIENES Y NATURALEZA

LA PÉRDIDA DE VIDAS HUMANAS

2. Ahora, compara esa catástrofe natural con el diluvio que sobrevivió Noé. ¿En qué se parecen? ¿En qué se diferencian?

	EL DILUVIO DE LA ÉPOCA DE NOÉ	UNA CATÁSTROFE NATURAL RECIENTE
Similitudes		
Diferencias		

¿Cómo crees que se sintió Noé cuando vio el panorama que lo esperaba al bajar de la barca?

3. Vuelve a leer 8:15-19. Presta atención a la primera frase de 8:15 y 8:18. ¿Qué similitud encuentras con Génesis 1?

4. Lee Salmos 29. Fíjate en lo que dice el salmo sobre la voz del Señor (todo lo que esta es y lo que hace). Escribe las ideas que te llamen la atención.

5. Ahora, lee los siguientes versículos y anota cómo cada uno confirma el mensaje del salmo 29.

   1 SAMUEL 2:6-7

   ECLESIASTÉS 7:13

ISAÍAS 45:5-7

LAMENTACIONES 3:37-38

6. Vuelve a Salmos 29. ¿Qué piensas que comunican los versículos 10-11 sobre el rol de Dios en las situaciones de catástrofe?

7. **APLICACIÓN:** ¿Cuál es la actitud del salmista hacia el rol de Dios en las situaciones de catástrofe (29:1-2)?

¿Cuál crees que fue la actitud de Noé hacia Dios durante la catástrofe que vivió?

¿Cuál es tu actitud hacia el rol de Dios en las situaciones de catástrofe? ¿Cuál crees que es la actitud correcta?

DÍA DOS

AHORA PRESTA ATENCIÓN A GÉNESIS 8:20-22.

8. De acuerdo con el versículo 20, ¿qué es lo primero que hace Noé cuando sale de la barca?

Si hubieras pasado más de un año encerrada en un barco, soportando mareos y el olor de los animales y, al salir del barco, te encontraras con que el diluvio dejó una tierra devastada, ¿qué es lo primero que harías? Escribe algunas posibilidades.

¿Qué indica el sacrificio de Noé sobre su corazón?

9. En 8:21-22, Dios responde al sacrificio de Noé con varias afirmaciones. Vuelve a leer el versículo 6:18. ¿Cómo se llama el tipo de promesa que Dios hace a Noé? _____

Busca este término en un diccionario de definiciones o sinónimos, y escribe una definición que se adapte al contexto del pasaje.

PACTO:

10. El concepto de pacto es central para nuestra comprensión de Dios y de nuestra salvación. En Génesis 2:15-17, ya vimos un pacto implícito entre Dios y Adán. Vuelve a esos versículos y responde las siguientes preguntas.

	PACTO DE ADÁN
¿Quién tiene la iniciativa?	
¿Quiénes son las dos partes del pacto?	
¿Qué promete Dios? (Piensa en el Edén).	
¿Qué debe hacer Adán?	
¿Cuál es el castigo por incumplir el pacto?	

11. **APLICACIÓN:** De todas las promesas que te han hecho otras personas, ¿cuál fue la que se cumplió más fielmente? En el espacio a continuación, escribe quién te hizo la promesa, qué te prometió, qué tuviste que hacer a cambio y cómo la cumplió.

¿Por qué es Dios más fiel en el cumplimiento de Sus promesas que cualquier ser humano? Anota tres motivos a continuación.

Antes de considerar con más atención el pacto de Dios con Noé, comencemos a analizar el texto. Necesitarás lápices o bolígrafos de colores para esta sección de la tarea.

LEE EL PASAJE DE 8:20–9:19, IMPRESO AL FINAL
DE LA TAREA DE ESTA SEMANA (P. 155).

12. Con un bolígrafo verde, marca cada vez que aparecen las palabras «Señor» o «Dios» y cada vez que Dios habla de sí mismo con las palabras «yo», «mi» o «me».

La presencia de todas esas marcas verdes, ¿qué te dice sobre la manera en que Moisés describe el rol de Dios en esta sección del relato de Génesis?

Las palabras marcadas en verde, ¿indican el sujeto o el objeto de la narración, en la mayoría de los casos?

13. Ahora, marca en rojo todos los casos de la frase «nunca más».

¿Qué personaje de la historia usa esta frase repetidas veces?

_____

¿Por qué ese dato es importante para comprender el texto?

14. Marca en azul todos los casos de las palabras «todo», «toda», «todos», «todas». Marca en naranja todos los casos de las palabras «ser(es) humano(s)» y «ustedes». Las palabras marcadas con azul y naranja, ¿indican el sujeto o el objeto de la narración, en la mayoría de los casos?

15. Ahora fíjate en el pacto que Dios hace con Noé en 8:21-22; 9:8-9. Responde las siguientes preguntas.

	PACTO DE NOÉ
¿Quién tiene la iniciativa? (palabras en <u>verde</u>)	
¿Quiénes son las dos partes del pacto? (palabras en <u>verde</u>, <u>azul</u> y <u>naranja</u>)	
¿Qué promete Dios? (palabras en <u>rojo</u>)	
¿Qué debe hacer Noé?	
¿Cuál es el castigo por incumplir el pacto?	

16. ¿Cuál es la señal del pacto que Dios hace con Noé (9:12)?

¿Cuáles son las dos condiciones meteorológicas que deben darse para que ocurra esta señal? Márcalas con un círculo.

Lluvia   *Nieve*   *Granizo*   *Luz solar*   *Tornado*

Lee Juan 8:12. ¿Cómo se describe Jesús a sí mismo?

¿Cómo te ayuda esta imagen a entender la señal de fidelidad que Dios le da a Noé?

17. ¿Cuál fue el motivo que llevó a Dios a inundar la tierra? _____

Según el versículo 8:21, el mundo posterior al diluvio, ¿sería diferente del mundo antediluviano? ¿Por qué?

¿Por qué crees que Dios inundó la tierra si el pecado también habitaba en el corazón de Noé y sus descendientes?

18. Compara 9:1-3 con Génesis 1:28-30. ¿En qué se parecen estos pasajes? ¿En qué se diferencian?

19. El derramamiento de sangre es una idea central para nuestra comprensión del evangelio. En 9:4-6, fíjate en lo que dice Dios sobre la sangre y el derramamiento de sangre. ¿De qué manera estos principios se fundamentan en el concepto de la expiación?

20. Considera la forma en que Dios trató a Caín, un asesino. ¿Cuál fue su castigo?

Según 9:6, ¿cuál será el castigo por asesinato en el mundo posterior al diluvio?

¿Por qué crees que se estableció este castigo?

21. **APLICACIÓN:** En general, la historia del diluvio se entiende como una representación de la ira y la justicia de Dios. ¿Cómo podemos verla también como una representación de Su gracia y misericordia?

DÍA CUATRO

AHORA PRESTA ATENCIÓN A 9:18-29.

22. ¿Cómo actúa Noé en este interesante relato?

23. ¿Cuál fue la última vez que vimos desnudez en Génesis?

    ¿Con qué emoción se vinculó la desnudez en ese momento?

    ¿Cuál fue la solución de Dios para la desnudez de Adán y Eva?

24. Compara la reacción de Cam a la desnudez de su padre con la reacción de sus hermanos. En el espacio a continuación, explica lo que piensas que sucede en esta extraña historia.

25. Fíjate en cómo reacciona Noé. Escribe lo que dice sobre las ramas de cada uno de sus hijos.
    CAM (PADRE DE CANAÁN):

    SEM:

    JAFET:

26. Con base en lo que sabes sobre la historia de la nación de Israel, responde: ¿Se cumple la maldición de Noé? (Hablaremos sobre esto en la sesión de enseñanza, así que no te preocupes si no lo recuerdas).

27. **APLICACIÓN:** Noé cae en pecado casi inmediatamente después de haberse salvado de las aguas del juicio de Dios sobre los pecadores. ¿Qué nos enseña esto? ¿Qué nos advierte esta historia?

¿Cómo nos reconforta Hebreos 11:7?

CIERRE

¿Qué aspecto del carácter de Dios te ha mostrado más claramente el pasaje de Génesis de esta semana?

Completa la siguiente afirmación:
Saber que Dios es _____ me muestra que yo soy _____.

¿Qué paso puedes dar esta semana para vivir a la luz de esta verdad?

GÉNESIS 8:15-22

[15]Entonces Dios le dijo a Noé: [16] «Todos ustedes —tú y tu esposa, y tus hijos y sus esposas— salgan de la barca. [17] Suelta a todos los animales —las aves, los animales y los animales pequeños que corren por el suelo— para que puedan ser fructíferos y se multipliquen por toda la tierra».

[18] Entonces Noé, su esposa, sus hijos y las esposas de sus hijos salieron de la barca; [19] y todos los animales, grandes y pequeños, y las aves salieron de la barca, pareja por pareja.

[20]Luego Noé construyó un altar al Señor y allí sacrificó como ofrendas quemadas los animales y las aves que habían sido aprobados para ese propósito. [21] Al Señor le agradó el aroma del sacrificio y se dijo a sí mismo: «Nunca más volveré a maldecir la tierra por causa de los seres humanos, aun cuando todo lo que ellos piensen o imaginen se incline al mal desde su niñez. Nunca más volveré a destruir a todos los seres vivos. [22] Mientras la tierra permanezca, habrá cultivos y cosechas, frío y calor, verano e invierno, día y noche».

GÉNESIS 9

[1]Después Dios bendijo a Noé y a sus hijos, y les dijo: «Sean fructíferos y multiplíquense; llenen la tierra. [2] Todos los animales de la tierra, todas las aves del cielo, todos los animales pequeños que corren por el suelo y todos los peces del mar tendrán temor y terror de ustedes. Yo los he puesto bajo su autoridad. [3] Se los he dado a ustedes como alimento, como les he dado también los granos y las verduras; [4] pero nunca deben comer de ninguna carne con su vida, es decir, que aún tenga sangre.

[5] »Yo exigiré la sangre de cualquiera que le quite la vida a otra persona. Si un animal salvaje mata a una persona, ese animal debe morir; y cualquiera que asesine a otro ser humano debe morir. [6] Si alguien quita

una vida humana, la vida de esa persona también será quitada por manos humanas. Pues Dios hizo a los seres humanos a su propia imagen. [7] Ahora sean fructíferos y multiplíquense, y vuelvan a poblar la tierra».

[8] Entonces Dios les dijo a Noé y a sus hijos: [9] «Ahora mismo, yo confirmo mi pacto con ustedes y con sus descendientes, [10] y con todos los animales que estuvieron en la barca con ustedes —las aves, los animales domésticos y todos los animales salvajes—, con toda criatura viviente sobre la tierra. [11] Sí, yo confirmo mi pacto con ustedes. Nunca más las aguas de un diluvio matarán a todas las criaturas vivientes; nunca más un diluvio destruirá la tierra».

[12] Entonces Dios dijo: «Les doy una señal de mi pacto con ustedes y con todas las criaturas vivientes, para todas las generaciones futuras. [13] He puesto mi arco iris en las nubes. Esa es la señal de mi pacto con ustedes y con toda la tierra. [14] Cuando envíe nubes sobre la tierra, el arco iris aparecerá en las nubes [15] y yo me acordaré de mi pacto con ustedes y con todas las criaturas vivientes. Nunca más las aguas de un diluvio volverán a destruir a todos los seres vivos. [16] Cuando yo vea el arco iris en las nubes, me acordaré del pacto eterno entre Dios y toda criatura viviente sobre la tierra». [17] Entonces Dios le dijo a Noé: «Este arco iris es la señal del pacto que yo confirmo con todas las criaturas de la tierra».

[18] Los hijos de Noé que salieron de la barca con su padre fueron Sem, Cam y Jafet (Cam es el padre de Canaán). [19] De estos tres hijos de Noé provienen todas las personas que ahora pueblan la tierra.

[20] Después del diluvio, Noé comenzó a cultivar la tierra y plantó un viñedo. [21] Cierto día, bebió del vino que había hecho y se emborrachó, y estaba recostado y desnudo dentro de su carpa. [22] Cam, el padre de Canaán, vio que su padre estaba desnudo y salió a contárselo a sus hermanos.

²³ Entonces Sem y Jafet tomaron un manto, se lo pusieron sobre los hombros y entraron de espaldas a la carpa para cubrir a su padre. Mientras lo hacían, miraban para otro lado a fin de no ver a su padre desnudo.

²⁴ Cuando Noé despertó de su estupor, se enteró de lo que había hecho Cam, su hijo menor. ²⁵ Entonces maldijo a Canaán, el hijo de Cam:

«¡Maldito sea Canaán!
    ¡Que sea el más inferior de los siervos para con sus familiares!».

²⁶ Entonces dijo Noé:

«¡Bendito sea el Señor, Dios de Sem,
    y sea Canaán su siervo!
²⁷ ¡Que Dios extienda el territorio de Jafet!
Que Jafet comparta la prosperidad de Sem,
    y sea Canaán su siervo».

²⁸ Noé vivió trescientos cincuenta años más después del gran diluvio. ²⁹ Vivió novecientos cincuenta años y luego murió.

PREGUNTA INTRODUCTORIA: ¿Cuál es el viaje más largo que has hecho?

1. **OBSERVACIÓN:** (preguntas 4 y 6, pp. 145-146) Lee Salmos 29. Fíjate en lo que dice el salmo sobre la voz del Señor (todo lo que esta es y lo que hace). ¿Qué ideas que te llaman la atención? ¿Qué piensas que comunican los versículos 10-11 sobre el rol de Dios en las situaciones de catástrofe?

   APLICACIÓN: (pregunta 7, p. 146) ¿Cuál es la actitud del salmista hacia el rol de Dios en las situaciones de catástrofe (29:1-2)?

   ¿Cuál crees que fue la actitud de Noé hacia Dios durante la catástrofe que vivió?

   ¿Cuál es tu actitud hacia el rol de Dios en las situaciones de catástrofe?

   ¿Cuál crees que es la actitud correcta?

2. **OBSERVACIÓN:** (pregunta 9, p. 147) Compartan y comparen las definiciones de la palabra *pacto* que escribieron. Expliquen por qué eligieron esa definición.

   APLICACIÓN: (pregunta 11, p. 148) De todas las promesas que te han hecho otras personas, ¿cuál fue la que se cumplió más fielmente?

   ¿Por qué es Dios más fiel en el cumplimiento de Sus promesas que cualquier ser humano?

3. **OBSERVACIÓN:** (pregunta 17, p. 151) Compartan y comparen las definiciones de la palabra *pacto* que escribieron. Expliquen por qué eligieron esa definición?

Según el versículo 8:21, el mundo posterior al diluvio, ¿sería diferente del mundo antediluviano? ¿Por qué?

¿Por qué crees que Dios inundó la tierra si el pecado también habitaba en el corazón de Noé y sus descendientes?

APLICACIÓN: (pregunta 21, p. 152) En general, la historia del diluvio se entiende como una representación de la ira y la justicia de Dios. ¿Cómo podemos verla también como una representación de Su misericordia y gracia?

4. **OBSERVACIÓN:** (pregunta 24, p. 153) Compara la reacción de Cam a la desnudez de su padre con la reacción de sus hermanos. Pongan en común sus hipótesis sobre lo que sucede en esta extraña historia.

APLICACIÓN: (pregunta 27, p. 154) Noé cae en pecado casi inmediatamente después de haberse salvado de las aguas del juicio de Dios sobre los pecadores. ¿Qué nos enseña esto? ¿Qué nos advierte esta historia?

¿Cómo nos reconforta Hebreos 11:7?

5. **CIERRE:** ¿Qué aspecto del carácter de Dios te ha mostrado más claramente el pasaje de Génesis de esta semana?

Completa la siguiente afirmación:
Saber que Dios es _____ me muestra que yo soy

_____ .

¿Qué paso puedes dar esta semana para vivir a la luz de esta verdad?

SEMANA NUEVE | NOTAS SOBRE LA SESIÓN DE ENSEÑANZA

SEMANA DIEZ:

DISPERSIÓN Y DESCENDENCIA

En la semana nueve, vimos cómo Noé, el pregonero de la justicia, entró en un pacto que fue iniciado y sostenido por Dios. También vimos que este segundo Adán cayó en pecado, lo que hizo que el hijo de su hijo recibiera una maldición. Esta semana analizaremos la maldición sobre los descendientes de Cam. También veremos por cuánto tiempo los habitantes de la tierra se alejaron del pecado gracias al recuerdo de la devastación completa que había ocurrido. Finalmente, veremos que el linaje de Noé dio origen a Abram, padre de la nación de Israel.

LEE GÉNESIS 10:1–11:32.

1. En una oración, resume cada sección del texto de esta semana.
    GÉNESIS 10

    GÉNESIS 11:1-9

    GÉNESIS 11:10-26

    GÉNESIS 11:27-32

2. El pasaje de esta semana, ¿de qué manera sirve como puente entre el relato del diluvio y la historia de Abram, que comienza en el capítulo 12?

DÍA DOS

AHORA LEE GÉNESIS 10. QUIZÁS TE SIENTAS TENTADA
A LEERLO POR ENCIMA, PERO TE PIDO QUE LE PRESTES
ATENCIÓN. LAS GENEALOGÍAS SON IMPORTANTES.

3. Fíjate la expresión ya conocida de 10:1, que indica el comienzo de una
    nueva sección en el relato de Génesis. Según este versículo, ¿cuáles son
    los tres grupos familiares que se detallarán en este capítulo?

4. ¿Qué información general sobre cada familia revelan estas listas?
    Resúmela.

5. Para comprender las conexiones entre los miembros de la familia
    de Noé y las palabras proféticas que él pronuncia en Génesis 9:18-29,
    analicemos algunos vínculos. Escribe los nombres de los hijos de Noé
    (10:1).

    1. _____

    2. _____

    3. _____

    Vuelve a Génesis 9:18-29. ¿Sobre quién pronunció una maldición
    profética Noé (9:24-25)?

    _____, *que era el hijo de* _____ *y el nieto*
    de _____

Ahora lee Génesis 10:6. Los hijos de Cam se mencionan en el orden de su nacimiento. ¿Cuál es el más joven? _____

Cam, el menor de sus hermanos, se convierte en un motivo de vergüenza para su padre. En términos de relaciones familiares, ¿por qué la maldición de Noé es adecuada para la ofensa de Cam?

6. Según 10:6, ¿cuántos hijos tuvo Cam en total? _____
    A la luz de esta información, ¿por qué la maldición de Noé fue menos severa de lo que podría haber sido?

En su maldición, Noé repite tres veces lo que les deparará a los descendientes de Canaán. ¿Cuál será su destino?

7. A continuación, vemos un mapa de los territorios que ocuparon los descendientes de los hijos de Noé. Busca cada uno de los nombres en las genealogías. En el mapa, resalta en <u>amarillo</u> a los hijos de Sem, en <u>naranja</u> a los de Cam y en <u>azul</u> a los de Jafet.

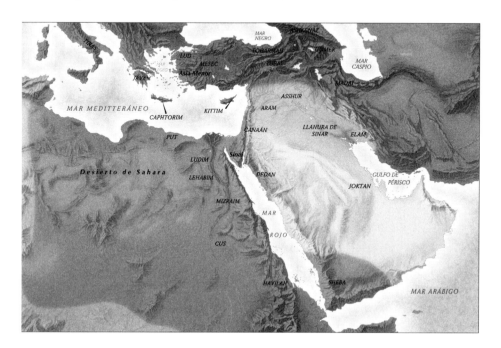

¿Te suena conocido este mapa? Fíjate en que Tiras está en el sur del territorio que hoy es Italia y se extiende hacia el mar Mediterráneo. Mizraim es el nombre hebreo que significa Egipto.

8. Observa la región en la que se establecieron los descendientes de cada hijo. Une el nombre de cada hijo con la región que le corresponde:

Sem   *Región indoeuropea*

Cam   *Región persa/del Oriente Medio*

Jafet   *Región africana/cananea*

9. En la sesión de enseñanza, hablaremos sobre las formas en que se cumplió la maldición (y la bendición) de Noé. Según lo que conoces de historia mundial, ¿recuerdas alguna época en la cual una potencia hegemónica de las regiones geográficas de Europa o Persia haya sometido a los pueblos de Canaán?

10. Vuelve a Génesis 9:26. ¿De cuál de los hijos de Noé se dice que el Señor era su Dios? _____

    ¿Alguna vez has escuchado el término *antisemita*? Se usa para referirse al odio hacia los judíos. Esto se debe a que *semitas* es otra forma de llamar a las personas de origen judío. ¿Cuál crees que es el origen de este nombre?

    Aprender esto, ¿cómo te ayuda a comprender el significado de la bendición de Noé en 9:26?

11. Recuerda que Moisés escribió Génesis a los israelitas para prepararlos para la vida en la tierra prometida, la tierra de Canaán. Más adelante, recibirán la orden de ir a Canaán y conquistarla completamente. Los cananeos eran un pueblo que se destacaba por su perversidad y pecaminosidad. ¿Pero qué tan malvados eran? Lee Levítico 18:1-28. Escribe a continuación algunas de las prácticas detestables que caracterizaban a los cananeos.

12. Busca los siguientes pasajes y anota cómo les pide Dios a los israelitas que traten a los cananeos.

DEUTERONOMIO 7:1-6

DEUTERONOMIO 12:1-3

DEUTERONOMIO 18:9-12

13. ¿Cuál era el peligro que estos pueblos y sus prácticas representaban para los israelitas?

14. **APLICACIÓN:** ¿En qué sentido podemos correr el mismo riesgo hoy? Describe maneras en que estar cerca del pecado amenaza nuestra fidelidad a Dios. Da ejemplos específicos y detalla de qué manera, como pueblo de Dios, podemos ser vencedores en estas situaciones.

DÍA TRES

LEE GÉNESIS 11:1-9.

15. Según 11:1, ¿qué pregunta implícita pretende responder la historia de Babel?

16. ¿Crees que esta historia sigue el orden cronológico de la narración? ¿Por qué sí o por qué no? Cita versículos específicos del capítulo 10 para justificar tu respuesta. (Ayuda: hay tres).

17. Lee 11:3-4 ahora en la RVR1960. Específicamente, ¿qué querían hacer los hombres de esta historia?

    11:3 *«Vamos, hagamos*

    _____».

    11:4 *«Vamos* _____,

    y hagámonos _____».

18. ¿Te parece relevante la forma de hablar de estos hombres? Compara la forma de expresión en 1:26 y 11:3-4.

	¿QUIÉN ES EL QUE HABLA?	¿QUÉ ES CREADO?
Génesis 1:26		
Génesis 11:3-4		

¿Qué quiere revelarnos Moisés sobre la motivación de estos hombres a través de su forma de hablar?

19. **APLICACIÓN:** En 11:4, los hombres señalan sus tres objetivos en la edificación de la ciudad y la torre. Estos se detallan a continuación. Junto a cada uno, escribe las actitudes, los temores o los valores pecaminosos que pueden engendrar objetivos como esos.

LLEGAR HASTA EL CIELO

HACERSE FAMOSOS

EVITAR DISPERSARSE POR TODO EL MUNDO

¿En qué sentido en la actualidad perseguimos los mismos objetivos?

DÍA CUATRO

20. ¿Qué tipo de torre querían construir los hombres (11:4)?

    «Una torre que _____ *... ».*

    ¿En qué parte de 11:5 se da a entender que los hombres no cumplieron su objetivo?

21. ¿Qué palabra de exhortación ves en 11:7 que también aparece antes en el capítulo? Si consideramos quién es el que habla, ¿por qué se usa esta palabra?

22. Según 11:6, ¿por qué Dios frustró la intención de las personas de trabajar unidas para un mismo fin?

23. Lee los siguientes versículos y anota lo que dicen sobre construcción y unidad.
    ### EFESIOS 2:11-22

    ### EFESIOS 4:1-16

¿En qué se diferencian el concepto que Dios tiene de unidad beneficiosa con el concepto que tiene el hombre?

24. **APLICACIÓN:** Ahora, piensa en tu propia vida. ¿En qué sentido buscas construir una torre, es decir, te esmeras por lograr algo que demuestre tus capacidades o establezca tu importancia?

¿En qué sentido buscas construir una ciudad, es decir, te esmeras por acumular bienes o tener el control?

DÍA CINCO

AHORA PRESTA ATENCIÓN A GÉNESIS 11:10-32.

25. Compara este grupo de genealogías con el que vimos en Génesis 6. ¿En qué se parecen? ¿En qué se diferencian?

26. Compara las afirmaciones iniciales de cada uno de estos versículos:

	ESTE ES EL RELATO DE ...
Génesis 2:4	... *la creación de los* _____ *y la* _____ ...
Génesis 6:9	... _____ *y su familia.*
Génesis 10:1	... *las familias de* _____ , _____ , _____ , *y* _____ , *los* _____ .
Génesis 11:10	... *la familia de* _____ .
Génesis 11:27	... *la familia de* _____ _____ *fue el padre de* _____ .

¿Cómo usa Moisés esta fórmula repetida para darle un enfoque cada vez más específico a su narración?

27. **APLICACIÓN:** Génesis 12–50 da un resumen de la vida de Abram (Abraham) y sus descendientes, la joven nación de Israel. En Génesis 1–11, de la mano de Moisés, hemos ido desde el nacimiento del mundo hasta el nacimiento de una nación, y hemos visto la intervención soberana de Dios en todo el camino. Dios está detrás de la gran historia de la salvación y también detrás de la pequeña historia de vida de cada persona. ¿Cómo has visto la intervención soberana de Dios en tu vida y en tu historia?

CIERRE

¿Qué aspecto del carácter de Dios te ha mostrado más claramente el pasaje de Génesis de esta semana?

Completa la siguiente afirmación:
Saber que Dios es _____ me muestra que yo soy _____.

¿Qué paso puedes dar esta semana para vivir a la luz de esta verdad?

PREGUNTA INTRODUCTORIA: ¿Hablas otro idioma además de español? ¿Qué tan bien lo hablas y por qué?

1. **OBSERVACIÓN:** (preguntas 12 y 13, p. 169) Anota cómo les pide Dios a los israelitas que traten a los cananeos en Deuteronomio 7:1-6; 12:1-3; 18:9-12.

   ¿Cuál era el peligro que estos pueblos y sus prácticas representaban para los israelitas?

   APLICACIÓN: (pregunta 14, p. 169) ¿En qué sentido podemos correr el mismo riesgo hoy? Describe maneras en que estar cerca del pecado amenaza nuestra fidelidad a Dios. Da ejemplos específicos y detalla de qué manera, como pueblo de Dios, podemos ser vencedores en estas situaciones.

2. **OBSERVACIÓN:** (pregunta 16, p. 170) ¿Crees que la historia de Babel sigue el orden cronológico de la narración? ¿Por qué sí o por qué no? Cita versículos específicos del capítulo 10 para justificar tu respuesta. (Ayuda: hay tres).

   APLICACIÓN: (pregunta 19, p. 171) En 11:4, los hombres señalan sus tres objetivos al construir la ciudad y la torre: evitar dispersarse por todo el mundo, hacerse famosos y llegar hasta el cielo. ¿Qué actitudes, temores o valores pecaminosos pueden engendrar objetivos como esos? ¿En qué sentido en la actualidad perseguimos los mismos objetivos?

3. **OBSERVACIÓN:** (preguntas 22 y 23, p. 172) Según 11:6, ¿por qué Dios frustró la intención de las personas de trabajar unidas para un mismo fin?

Según Efesios 2:11-22 y 4:1-16, ¿en qué se diferencian el concepto que Dios tiene de unidad beneficiosa con el concepto que tiene el hombre?

APLICACIÓN: (pregunta 24, p. 173) Ahora, piensa en tu propia vida. ¿En qué sentido buscas construir una torre, es decir, te esmeras por lograr algo que demuestre tus capacidades o establezca tu importancia? ¿En qué sentido buscas construir una ciudad, es decir, te esmeras por acumular bienes o tener el control?

4. OBSERVACIÓN: (pregunta 26, p. 174) ¿Cómo usa Moisés la fórmula repetida «Este es el relato de...» para darle un enfoque cada vez más específico a su narración?

APLICACIÓN: (pregunta 27, p. 175) Génesis 12–50 da un resumen de la vida de Abram (Abraham) y sus descendientes, la joven nación de Israel. En Génesis 1–11, de la mano de Moisés, hemos ido desde el nacimiento del mundo hasta el nacimiento de una nación, y hemos visto la intervención soberana de Dios en todo el camino. Dios está detrás de la gran historia de la salvación y también detrás de la pequeña historia de vida de cada persona. ¿Cómo has visto la intervención soberana de Dios en tu vida y en tu historia?

5. CIERRE: ¿Qué aspecto del carácter de Dios te ha mostrado más claramente el pasaje de Génesis de esta semana?

Completa la siguiente afirmación:
Saber que Dios es _____ me muestra que yo soy
_____.

¿Qué paso puedes dar esta semana para vivir a la luz de esta verdad?

CIERRE

¡Lo lograste! Has recorrido con fidelidad los once capítulos de la historia más antigua del mundo. Después de pasar diez semanas explorando la tierra fértil que conforma el «semillero de la Biblia», es hora de que pensemos en qué semillas se plantaron.

Esta sesión opcional de cierre es ideal para ayudarte a procesar lo que has aprendido y mostrarte el panorama general.

LEE GÉNESIS 1–11.

Mientras lees, piensa en lo que has aprendido en estas páginas que ahora conoces muy bien. Responde las siguientes preguntas.

1. ¿Qué atributo de Dios pudiste ver más claramente gracias a tu estudio de estos capítulos?

    Conocer esta verdad sobre Él, ¿cómo cambia la forma en que te ves a ti misma?

    ¿Cómo debería cambiar la forma en que vives?

2. ¿De qué manera el Espíritu Santo, mediante este estudio de Génesis 1–11, te ha hecho ver tu pecado? ¿Qué pensamientos, palabras o acciones necesitan ser reformados? ¿Qué debes dejar de hacer?

3. ¿De qué manera el Espíritu Santo, mediante este estudio de Génesis 1–11, te ha entrenado para una vida piadosa? ¿Qué disciplinas te ha dado el deseo de cultivar? ¿Qué debes empezar a hacer?

4. ¿De qué manera el Espíritu Santo te ha animado mediante este estudio de Génesis 1–11? ¿Qué motivo para alegrarte te han dado estos capítulos?

5. ¿Qué historia de Génesis 1–11 ya conocías, pero ahora entiendes más profundamente? Explica de qué manera?

6. ¿Qué historia o pasaje que antes no conocías te ha llamado más la atención? ¿Por qué?

7. ¿En qué parte de la narración de Génesis pudiste ver a Cristo con más claridad (Juan 5:46-47)?

Cierren este tiempo en oración. Agradézcanle a Dios que la redención haya estado entre Sus planes desde las primeras páginas de Su Palabra. Pídanle que les dé ojos para ver cómo las palabras de Génesis aclaran y enriquecen las palabras del resto de las Escrituras. Confiesen su gran necesidad de Él y de Su salvación. Denle gracias porque esa necesidad fue cubierta, no por Adán, Set, Enoc, Noé ni ningún hombre justo, sino gracias a la justicia sin mancha del último Adán, el Dios-Hombre, Jesús. La cabeza de la serpiente ciertamente fue aplastada. ¡Alabado sea Dios!

LOS ATRIBUTOS DE DIOS

Amoroso: Dios siente y demuestra un afecto infinito e incondicional por Sus hijos. Su amor no depende del valor, la respuesta o el mérito de ellos.

Atento: Dios oye a Sus hijos y responde a sus necesidades.

Autoexistente: Dios no depende de nada ni nadie para vivir o existir.

Autosuficiente: Dios no es vulnerable. No tiene necesidades.

Bueno: Dios es lo mejor y da lo mejor. Es incapaz de hacer el mal.

Celoso: Dios no compartirá Su gloria con nada ni nadie. Toda la gloria le corresponde a Él.

Compasivo: Dios se preocupa por Sus hijos y obra para el bien de ellos.

Creador: Dios hizo todas las cosas. Él no fue creado.

Digno: Dios merece toda gloria, honor y alabanza.

Eterno: Dios no está limitado por el tiempo y Su existencia trasciende el tiempo.

Fiel: Dios siempre cumple Sus promesas.

Generoso: Dios da a Sus hijos lo mejor y más de lo que merecen.

Glorioso: Dios demuestra Su grandeza y valor.

Incomprensible: Dios está más allá de nuestro entendimiento. Podemos comprenderlo parcialmente, pero no en Su totalidad.

Infinito: Dios no tiene limitaciones en Su persona ni en Su poder.

Inmutable/invariable: Dios nunca cambia. Dios fue el mismo ayer, es el mismo hoy y será el mismo mañana.

Justo: Dios nunca se equivoca en Sus acciones ni Sus juicios. Su castigo nunca puede ser excesivo ni insuficiente.

Libertador: Dios rescata y salva a Sus hijos.

Misericordioso: Dios no da a Sus hijos el castigo que merecen.

Omnipotente/todopoderoso: Dios tiene todo el poder. Nada es demasiado difícil para Él. Si Él quiere hacer algo, lo hace.

Omnipresente: Dios está completamente presente en todos lados.

Omnisciente: Dios conoce todo lo sucedido en el pasado, presente y futuro. Todos los resultados posibles y reales, todas las cosas de mayor y menor escala.

Paciente: Dios no se cansa y es tolerante con Sus hijos.

Protector: Dios es un lugar de seguridad y amparo para Sus hijos.

Proveedor: Dios suple las necesidades de Sus hijos.

Recto: Dios siempre es bueno y siempre tiene razón.

Sabio: Dios sabe lo que es mejor y actúa en consecuencia. No puede tomar una mala decisión.

Santo: Dios es perfecto, puro y sin pecado.

Soberano: Dios hace todo según Su plan y voluntad. Él controla todas las cosas.

Trascendente: Dios no es como los seres humanos. Él es infinitamente superior en Su ser y en Su obrar.

Vengador: Dios odia toda injusticia.

Verdadero: Todo lo que Dios dice o hace es verdad y realidad.

FUENTES CONSULTADAS EN LA ELABORACIÓN DE ESTE ESTUDIO

Arthur W. Pink, *Gleanings In Génesis, Volume 1* (Chicago: Moody Bible Institute of Chicago, 1922).

Bill T. Arnold, *Encountering the Book of Génesis* (Grand Rapids: Baker Academic, 1998).

J. Ligon Duncan, III; David W. Hall; Hugh Ross; Gleason L. Archer; Lee Irons; Meredith G. Kline, *The Génesis Debate: Three Views on the Days of Creation* (Mission Viejo: Crux Press, Inc., 2001).

James Montgomery Boice, *Génesis, An Expositional Commentary, Volume 1: Génesis 1–11* (Grand Rapids: Baker Books, 1982).

Justin Taylor «How Old Is The Universe?» *The Gospel Coalition Blog* 5 de febrero de 2014 *https://www.thegospelcoalition.org/blogs/justin-taylor/how-old-is-the-universe/*.

Paul Nelson, Robert C. Newman, Howard J. Van Till, *Three Views on Creation and Evolution* (Grand Rapids, MI: Zondervan, 1999).

Paul Wright, Ed. *Shepherd's Notes: Genesis* (Nashville: B&H Publishing Group, 1997).

The Navigators, *Genesis, Volume 16 of the LifeChange Series* (Colorado Springs, Colorado: NavPress Publishing Group, 1987).

Tim Keller, «Sinned in a Literal Adam, Raised in a Literal Christ» *The Gospel Coalition Blog* 6 de junio de 2011 *https://www.thegospelcoalition.org/article/sinned-in-a-literal-adam-raised-in-a-literal-christ/*.

NOTAS

SEMANA DOS

1. J. Ligon Duncan, III; David W. Hall; Hugh Ross; Gleason L. Archer; Lee Irons; Meredith G. Kline, *The Genesis Debate: Three Views on the Days of Creation* (Mission Viejo, CA: Crux Press, Inc., 2001), 101.

2. Ibíd.

3. Karisa Schlehr, «What Is R. C. Sproul's Position on Creation?» *Ligoner Ministries* 9 de febrero de 2011, *http://www.ligonier.org/blog/ what-rc-sprouls-position-creation/*.

4. Kenneth D. Keathley y Mark F. Rooker, *40 Questions About Creation and Evolution* (Grand Rapids, MI: Kregel Publications, 2014), 15.

   «How is BioLogos different from Evolutionism, Intelligent Design, and Creationism?». *Biologos http://biologos.org/common-questions/ christianity-and-science/biologos-id-creationism/*.

5. Paul Nelson, Robert C. Newman, Howard J. Van Till, *Three Views on Creation and Evolution* (Grand Rapids, MI: Zondervan, 1999).

6. Wayne Grudem, *Systematic Theology* (Grand Rapids, MI: Zondervan and Leicester, Gran Bretaña: Inter-Varsity Press, Inglaterra, 1994), 295.

   Denis O. Lamoureux, *Evolutionary Creation: A Christian Approach to Evolution* (Inglaterra: The Lutterworth Press, 2008), 22.

7. Lamoureux, 26-27.

8. Grudem, 298.

9. Grudem, 300.

NOTAS